国家社会科学基金项目（项目编号：20BGL225）

傅 剑 刘 青/著

青年人才住房困境、行为机理与长效治理研究
——以浙江省为例

QINGNIAN RENCAI ZHUFANG KUNJING,
XINGWEI JILI YU CHANGXIAO ZHILI YANJIU
——YI ZHEJIANGSHENG WEILI

中国财经出版传媒集团
经济科学出版社
Economic Science Press
·北京·

图书在版编目（CIP）数据

青年人才住房困境、行为机理与长效治理研究：以浙江省为例／傅剑，刘青著 . -- 北京：经济科学出版社，2024. 12. -- ISBN 978 - 7 - 5218 - 6599 - 8

Ⅰ. F299. 233. 1

中国国家版本馆 CIP 数据核字第 2024GB7237 号

责任编辑：杜　鹏　常家凤
责任校对：徐　昕
责任印制：邱　天

青年人才住房困境、行为机理与长效治理研究
——以浙江省为例
QINGNIAN RENCAI ZHUFANG KUNJING，XINGWEI JILI
YU CHANGXIAO ZHILI YANJIU
——YI ZHEJIANGSHENG WEILI
傅　剑　刘　青／著
经济科学出版社出版、发行　新华书店经销
社址：北京市海淀区阜成路甲 28 号　邮编：100142
编辑部电话：010 - 88191441　发行部电话：010 - 88191522
网址：www. esp. com. cn
电子邮箱：esp_bj@ 163. com
天猫网店：经济科学出版社旗舰店
网址：http：//jjkxcbs. tmall. com
固安华明印业有限公司印装
710 × 1000　16 开　10. 75 印张　180000 字
2024 年 12 月第 1 版　2024 年 12 月第 1 次印刷
ISBN 978 - 7 - 5218 - 6599 - 8　定价：88. 00 元
（图书出现印装问题，本社负责调换。电话：010 - 88191545）
（版权所有　侵权必究　打击盗版　举报热线：010 - 88191661
QQ：2242791300　营销中心电话：010 - 88191537
电子邮箱：dbts@ esp. com. cn）

序　言

当前，我国已经进入全面建设社会主义现代化国家、向第二个百年奋斗目标进军的新征程。实现中华民族伟大复兴的中国梦，关键要靠人才，特别是青年人才。党的二十大报告指出，要把青年工作作为战略性工作来抓。因此，如何吸引并留住青年，为他们提供便利、舒适、可支付、有温度的生活保障，让青年人更好地圆梦安居，放开手脚为美好生活奋斗，成为各大城市的共同命题。

众所周知，近年来，随着城镇化建设的不断推进，住房问题成为各类人才，尤其是青年人才正常工作生活面临的重要问题。为了解决人才安居问题，各地相继出台政策，然而，这些政策主要面向拥有各类头衔的高级人才，对于没有头衔的普通青年人才却鲜有提及或保障力度有限。同时，随着时代的发展，青年人才对于住房的价值观念、需求特征、消费方式、支付习惯也呈现出多样性和阶段性的特点，而已有住房或政府推出的保障性住房普遍存在选址偏远、户型功能单一、配套不完善、缺乏必要公共服务等问题，无法满足年轻人现代化、舒适化、品质化的居住需求。

因此，研究并解决好青年人才的住房问题，一方面有利于提升青年的居住水平和生活质量，优化青年人才的安居保障；另一方面能够丰富和完善我国住房制度的内涵，健全国家住房保障体系。另外，这对于推动创新驱动发展战略的实施，推进国家治理体系和治理能力现代化具有现实意义。

本书是笔者近年来围绕青年住房保障相关问题的研究工作总结，可以为政府完善相关政策制度提供事实依据和决策参考，相关研究成果已先后发表在《系统工程理论与实践》、*Emerging Markets Finance and Trade*、《当代青年研究》等国内外核心学术期刊上，本书正是对这一系列研究成果的集中体现。

本书内容共分为7章。第1章是绪论，主要介绍研究背景与意义、研究思路与内容、研究目标与技术路线等。第2章是理论基础与国内外相关研究综述，梳理国内外经典文献和研究成果，介绍国内外研究现状及发展趋势；对发达国家和地区的青年住房制度进行比较分析和案例研究，探讨青年住房问题治理模式和可行路径。第3章是我国青年住房理念与居住模式演变，对我国住房政策发展脉络、运行模式等进行回顾，对住房保障制度产生的背景与根源、制度沿革、存在的问题及发展趋势进行评述；归纳青年住房行为的特征与影响因素，分析当代青年住房困境现状与原因。第4章是浙江省青年人才住房现状与需求研究，对代表性城市开展大样本调查，对青年人才住房制度环境、供需矛盾、困境表现、需求特征、利益诉求等进行统计回归分析，构建住房满意度因素指标体系，运用多元 Logistic 回归分析等数理统计方法，探讨住房困境形成的根源及影响机理；开展现状与需求匹配分析，对青年人才住房问题的影响和风险水平进行全面评估。第5章是浙江省青年人才住房消费行为与策略选择研究，运用结构化访谈识别青年人才住房需求，包括空间区位、户型结构、功能品质、公共配套、附属权益等，厘清主要特征和规律；运用多元无序 Logistic 回归等分析工具，对青年人才住房租购选择行为进行实证研究，从微观层面揭示其影响因素及路径，为租购一体化保障体系设计提供经验数据。第6章是青年人才租购一体化保障体系及长效治理研究，根据问题现状及机制，各种因素的影响程度及发展趋势，借鉴国内外先进经验，综合运用信息、经济、行政、物理改进等政策工具，从供求关系、价格机制、产品定位、功能配套、金融支持、公共服务六个维度提出青年人才住房一体化保障治理思路与政策建议。第 7 章是研究结论与政策建议，对全书进行总结和回顾，对未来研究进行展望。

本书的研究工作是探索性的，加上笔者水平有限，错误和纰漏在所难免，恳请各位专家、读者批评指正。本书在写作过程中得到了国家社会科学基金项目（20BGL225）、浙江省优势特色学科——浙江工业大学工商管理学科、浙江工业大学中国住房和房地产研究院的资助，在此表示最真挚的感谢！

笔　者

2024 年 11 月

目 录

第 1 章

绪　　论

1.1　研究背景与意义

1.1.1　研究背景

当前，浙江省正在全面推进创新型省份建设，创新驱动的实质是人才驱动。习近平总书记指出，"拥有一大批创新型青年人才，是国家创新活力之所在，也是科技发展希望之所在。"[①] 因此，青年人才是实现这一创新发展战略的重要资源。为他们创造良好的事业发展环境，提供便利、舒适、可支付、有温度的生活资源保障，吸引并留住各类青年人才，是浙江省能否抢占新一轮科技人才争夺主动权、早日建成创新资源集聚高地、持续释放人才红利的关键所在。

众所周知，近年来浙江省房价不断上涨，2015 年以来，全省平均房价涨幅达到 75.98%[②]，高房价成为各类人才，尤其是青年人才来浙江正常工作和生活面临的重要问题。尽管国家与地方层面已经出台了多项房地产市场调控政策，但浙江的住宅价格对于大多数青年人才而言仍是沉重的负担。国家信息中心数据显示，2020 年上半年，浙江省房价收入比

---

① 习近平. 论党的青年工作 ［M］. 北京：中央文献出版社，2022（6）.
② 根据浙江省统计局历年数据整理，http://tjj.zj.gov.cn/。

均值达到 10.02 倍，远高于 3~6 倍的合理区间。同时，租金价格也居高不下，以杭州市为例，租金收入比达到 26.23%，超过 25% 的国际标准线①。

为解决人才安居问题，浙江各地相继出台各项政策，如《浙江省住房和城乡建设厅关于进一步落实高层次人才安居相关政策的通知》《杭州市高层次人才住房保障实施意见》《杭州人才优先购房细则》《宁波人才购房补贴政策》《温州市人才住房租售并举实施办法》等。然而，这些政策主要面向拥有各类头衔的国内外顶尖人才、领军人才和高级人才，对于没有头衔的普通青年人才却鲜有提及，保障人群范围有限。一些城市面向青年人才发放安家补贴、购房补助，例如，杭州市针对应届大学生，按照本科 1 万元、硕士 3 万元、博士 5 万元一次性发放生活补助，在一定程度上解决了部分青年人才的住房问题，但是，与高额的房价相比，补助力度就显得杯水车薪了。而且，政府为解决青年人才阶段性住房困难而提供的人才专项租赁住房、公共租赁住房、政策性租赁住房等，或因数量少，轮候期长；或因选址偏远，配套设施不完善；还有的户型设计简单，功能不齐全，缺乏必要的公共服务；都存在各种各样的问题，无法较好地满足年轻人现代化、舒适化、品质化的居住需求。

同时，随着时代的发展，青年人才对于住房的价值观念、需求特征、消费方式、支付习惯也呈现多样性和阶段性的特点，只有深入研究其内在特征及规律，厘清其住房消费行为机理，才能设计出符合需要的制度和产品，提供有针对性的住房保障服务。

基于此，本书以都市白领青年为主体的普通青年人才为研究对象，以梯度消费、住房效用、租购选择、社会保障等理论为基础，深入研究浙江省普通青年人才的住房现状与问题，对既有住房保障制度缺陷进行识别，对青年人才的住房需求和消费行为进行实证研究，并借鉴国内外先进经验，提出浙江省青年人才住房租购一体化保障体系，为完善租购并举住房政策，吸引、集聚更多的优秀青年人才来浙江省创新、创业，提出行之有效的对策建议。

---

① 杨现领. 租金稳定的关键在于纠正供求失衡 [J]. 经济参考报，2018 - 08 - 16。

1.1.2 研究意义

1.1.2.1 理论价值

第一，为完善人才安居工程提供新的制度内涵。总体而言，我国现阶段住房保障主要面向中低收入住房困难家庭，而对于普通青年人才等潜在保障对象虽然有所关注，但是缺乏基于深入研究基础上的针对性保障措施，本书将系统提出针对青年人才的住房保障措施，丰富和深化我国住房制度的内涵。第二，为青年人才住房问题的研究提供新视角和新方法。既有文献以特殊群体为对象的住房研究方法较为单一，且缺乏对"青年人才"这一群体的特别关注，较少涉及微观层面的质性研究，本书将在这些方面有所推进和贡献，为深化青年住房行为与住房路径研究提供有益的探索与支撑。

1.1.2.2 现实意义

第一，为青年人才提供更好的安居保障提供经验证据，助力浙江省经济高质量发展。本书运用质性研究为主的混合研究手段，厘清青年人才住房需求特征和消费行为规律，并对不同类型居住行为进行深度研究，提升住房政策的针对性和有效性，为青年人才住房困境的多元保障和长效治理提供经验证据与政策建议。第二，从租购一体化视角健全青年人才住房保障体系，为租购并举住房政策的设计提供新思路。本书深入探究租和购两种住房方式的特点和差异，从时间维度和功能维度整体构建一体化保障措施，为深化租购并举住房政策注入新内容，为浙江省实施"人才强省"和创新驱动发展战略提供实践参考，对于推进国家治理体系和治理能力现代化具有现实意义。

1.2 研究思路与内容

1.2.1 研究思路

在既有研究的基础上，本书的研究对象为以都市白领青年为主体的普通青年人才群体，以其住房消费理念与行为、住房路径与模式、需求特征与租购选择为切入口，从静态和动态两个维度，深度剖析其住房困境、供求错位、住房焦虑、居住诉求等问题，厘清问题的类型、因素以及影响机制，探讨其中的风险和障碍。同时，基于租购一体化视角，从供求关系、价格机制、产品定位、功能配套、金融支持、公共服务六个维度提出青年人才住房一体化保障治理思路与政策建议。

1.2.2　研究内容

本书研究框架如图 1 - 1 所示。

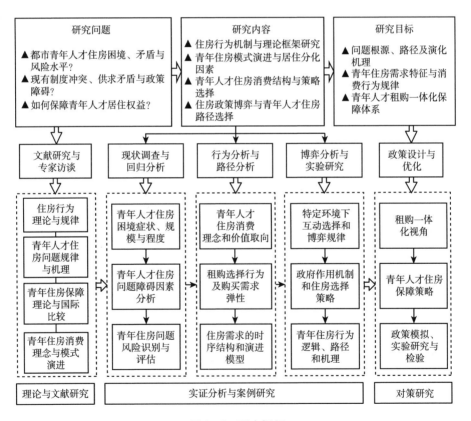

图 1 - 1　研究框架

1.2.2.1 住房行为机制与理论框架研究

（1）住房行为理论与规律。梳理国内外经典文献和研究成果，对住房行为的概念要素、模型、特征、运行机制、演化路径进行系统研究，揭示一般性规律。

（2）青年住房问题的规律与机理。从动态平衡视角，对青年住房困境、供求矛盾、需求趋势的内涵与本质进行经济学、社会学分析，为研究思路的确立、相关因素与变量的明晰、研究模型的构建提供文献基础。

（3）青年住房保障理论框架与国际比较。以计划行为、梯度消费、住房效用、租购选择、社会保障理论等为理论视角，探讨青年住房问题治理模式和可行路径。对发达国家和地区青年住房制度进行比较分析和案例研究，获取经验与做法，检验和完善理论分析框架。

1.2.2.2 青年住房模式演进与居住分化因素研究

（1）住房制度改革与保障体系演变。对我国住房政策发展脉络、运行模式演化等进行回顾，对住房保障制度产生的背景与根源、制度沿革、存在的问题及发展趋势进行评述。

（2）青年群体住房理念与消费模式演进。对不同年代都市青年的住房供给与需求特征进行归纳，通过档案研究和话语分析，讨论大都市青年群体在不同年代看待住房的价值观与心态的异同。

（3）青年居住分化因素研究。通过"住房路径""居住自传"等研究手段，分析都市青年群体居住模式的动态变化，以及这些变化与其他经济要素间的相关性，讨论代际的财富不均衡与代际在住房、养老消费中的互助行为在现实生活中的展现方式。

1.2.2.3 浙江青年人才住房现状与需求研究

（1）现状与需求研究。对代表性城市杭州、宁波、温州等地开展大样本深度调查，结合文献数据和专家访谈，对青年人才住房制度环境、供需矛盾、困境表现、需求特征、利益诉求进行统计回归分析，全面厘清问题的症状、规模、程度。

（2）问题与因素分析。构建住房满意度因素指标体系，基于实证调研数据，运用多元有序 Logistic 回归分析、聚类分析、跨层分析等数理统计方法，对因素进行分类和主次排序，探讨住房困境形成的根源及影响机理。

（3）需求匹配分析与风险评估。厘清青年人才居住需求特征，开展现状与需求匹配分析，在此基础上，对青年人才住房问题的影响和风险水平进行全面评估。

1.2.2.4　浙江青年人才住房消费行为与策略选择研究

（1）住房消费取向。对都市青年人才进行结构化深度访谈，对其住房需求，包括空间区位、户型结构、功能品质、公共配套、附属权益等进行识别，梳理权衡因素集合，对其消费理念和价值取向进行全面分析，厘清主要特征和规律。

（2）租购选择策略。运用多元无序 Logistic 回归模型等分析工具，对青年人才住房租购选择行为及购买需求弹性进行实证研究，从微观层面揭示其影响因素及路径。

（3）住房需求的时序结构。基于住房生命周期理论，探究青年人才各个成长阶段的居住需求特征和演进规律，建立住房消费时序模型，为租购一体化保障体系设计提供经验数据。

1.2.2.5　青年人才租购一体化保障体系及长效治理研究

（1）租购一体化保障体系构建。基于以上分析结果，借鉴国内外先进经验，结合我国国情，运用信息、经济、行政、物理改进等政策工具，从供求关系、价格机制、产品定位、功能配套、金融支持、公共服务六个维度提出青年人才住房一体化保障治理思路与政策建议。

（2）政策模拟及优化。运用系统动力学、多目标动态分析等工具，对研究提出的保障体系开展调节效应分析、实验研究和仿真模拟，对政策的合理性和可行性进行事前预测，对政策机制的有效性进行评估和优化。

1.2.3　技术关键

（1）青年人才住房行为机制及演化规律。青年人才作为特定人群，其居住需求、消费倾向、支付习惯有着特有的规律，如何采用适合的理论工具建立规范性分析框架，厘清青年人才在各个阶段的住房消费模式和机制，查明其在复杂外部环境下的行为反馈和互动机理，为政策设计提供方向，是本书的关键。

（2）青年人才住房供求错配与困境机理。青年人才住房问题的本质是供求错配，如何依据青年人才群体的居住特征建立需求模型和效用函数，设计出一套信效度高的问卷，并收集到足够的有效样本和数据，揭示青年人才住房困境矛盾冲突的根源、演化路径及社会影响，是本书的重点。

（3）青年人才住房问题长效治理机制。解决青年人才住房问题需要从动态视角考察长期均衡，需要从年轻人需求特征出发，设计有效的住房制度和产品，如何建立一套符合国情和省情，能有效保障青年人才住房权益，又能较好兼顾公平与效率的住房保障体系，是本书的难点。

1.3　研究目标与技术路线

1.3.1　总体目标

（1）探明浙江省都市青年人才住房困境现状与根源，供求矛盾与资源错配特征，建立障碍因素指标体系和风险评估模型，厘清问题的症状、规模、程度和社会影响。

（2）对青年人才住房行为机制及演化规律进行全面研究，厘清青年人才住房选择过程中的决策因素和内在机制，从内在需求和住房生命周期视角出发，构建青年人才居住需求模型、住房行为路径和住房效用函数，查明青年人才住房需求特征和消费规律。

（3）运用信息、经济、行政、物理改进等政策工具，根据青年人才职业成长各阶段住房需求特点，构建住房租购一体化保障体系，寻求青年人才住房保障长效治理的政策组合，为政府出台和调整相关人才安居政策，优化引才育才环境提供理论借鉴。

1.3.2 技术路线

本书的技术路线如图 1-2 所示。

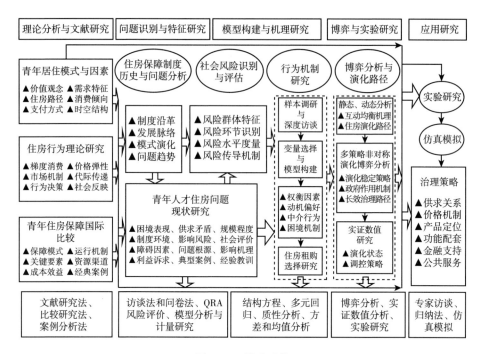

图 1-2 技术路线

本书通过定性与定量分析相结合、规范分析与实证分析相结合，进行多视角的系统研究，研究实施方案线路如下。

文献述评与理论研究→青年居住模式演进与因素研究→国内现状调查→障碍分析与风险评估→青年人才住房消费行为研究→时序结构与住房路径研究→租购策略选择研究→租购一体化保障体系与长效机制构建→政策模拟及优化。

第一步，通过研读国内外大量高水平文献，深入掌握青年人才住房问题的社会背景与发展趋势、理论依据与研究现状；对国内外保障青年人才居住权益的成功做法和经典案例进行单体分析和综合比较，分析不同模式的运行机制和绩效，探讨其中的关键要素和运行方式，为研究方案的确定、理论模型的细化、科学构建分析框架和政策机制提供经验证据。

第二步，运用扎根分析、归纳研究和推理演绎，系统研究我国住房政策发展脉络、青年群体住房理念与消费模式、居住模式演进与分化因素、时序变化与空间结构，并对不同年代都市青年的住房供给与需求特征进行归纳，揭示青年人才住房问题的本质规律与演变路径。

第三步，运用文献研究、专家咨询、预调查、信效度检验等方法，形成本研究的调查问卷。选择代表性城市杭州、宁波、温州等地区进行访谈和问卷调研，调研对象分为三个层面，主要是青年白领、本领域专家学者、住房保障相关部门管理者等。为保证调研质量，课题组将充分借助与住建部保障司、浙江省住房和城乡建设厅、多个地市的住建局、杭州市政府政策研究室、中国房地产协会的良好合作关系，依托杭州市公共政策情报资料研究中心、浙江省租赁业协会、世界华人不动产学会、中国房地产经纪人学会、中国中小企业研究院等研究机构的数据库，同时，利用浙江工业大学丰富的校友资源开展调研，以获得较为可信的样本数据。

第四步，使用 SPSS 26.0 软件和 Pearson 相关性分析、差异性检验、多元有序 Logistic 回归，对青年人才住房满意度进行实证分析，探寻因素的主次关系及关键变量。厘清青年人才居住需求特征，采用配对样本检验，开展现状与需求匹配分析，在此基础上，对青年人才住房问题的影响和风险进行全面评估。构建青年人才住房消费行为模型，解析青年人才住房消费行为路径关系与微观机理。

第五步，运用多元无序 Logistic 回归模型等分析工具，对青年人才住房租购选择行为及购买需求弹性进行实证研究。探讨在不同情境下，青年人才的住房行为策略、影响因素及演化路径，揭示青年人才的住房行为逻辑。

第六步，根据研究分析结果，综合利用理论研究、案例分析、专家咨询、国际比较等方法，从供求关系、价格机制、产品定位、功能配套、金融支持、公共服务六个维度提出青年人才住房租购一体化保障治理思路与政策建议，并运用调节效应分析、实验研究、数字仿真等方法进行政策模拟与优化。

1.4 主要创新点

（1）研究视角创新：已有研究总体上是从宏观或中观视角来研究都市青年人才住房问题。本书从问题源头入手，从微观视角、运用动态分析解析青年人才住房行为机理和住房困境形成路径，能够为本领域的研究提供新视角和新思路。

（2）研究内容创新：在已有研究的基础上，本书聚焦都市白领青年住房需求特征与规律、住房利益机制与行为、困境因素与冲突机理、风险识别与传导机制、制度缺陷与规制策略五大问题，并运用回归分析、交叉分析、演化分析和租购一体化策略来探讨青年人才住房保障长效机制，能够突破传统静态研究的局限，是一次研究内容上的拓展和深化。

（3）研究方法创新：已有研究鲜有基于深度调查基础上的实证研究。本书运用数理建模、回归分析、博弈分析、仿真模拟、实验研究等多种方法，为打开青年人才住房问题长效治理的"黑箱"提供经验证据和数据支持。

第 2 章

理论基础与国内外相关研究综述

2.1　概念界定

2.1.1　青年人才

"青年"这一词语的来源最早可以追溯到唐代,当时它指的是春天的时光。具有现代意义的"青年"一词是在欧洲文艺复兴运动之后,特别是18世纪基督教创办青年联合会以来正式出现。1919年五四运动后,"青年"一词在中国逐渐被广泛使用,成为指代年轻人的词汇。关于青年的概念,目前国际上并没有统一的官方定义。大部分国家认为,"青年"即一个人依法享有平等待遇的年龄开始,该年龄通常为18周岁。世界卫生组织(WHO)将青年的年龄范围定义为15~44周岁;联合国教科文组织规定青年的年龄范围为16~45周岁;我国国家统计局发布的青年年龄标准为15~34周岁;中华全国青年联合会规定18~40周岁的人为青年。而根据国务院印发的《中长期青年发展规划(2016—2025年)》,青年的年龄标准范围是14~35周岁。

"人才"一词出于我国《易经》的"三才之道",指代在某一方面有才能或本事的人,现在一般泛指具有一定专业知识或专门技能,能进行创造性劳动并对社会作出贡献的人。在现代社会中,衡量人才的标准、手段和方式越来越多元化,如学识、职称、技能等,但学历依然是最高效的标准。根据 2022 年全国主要城市发布的人才引进政策，广州、深圳、南京、杭州等热点城市普遍将本科作为人才落户的学历条件，因此，本书将青年人才的概念界定为"年龄在 18～35 周岁，接受过大学本科及以上学历教育的青年。"

2.1.2　住房需求

住房需求是指在一定市场条件下，在一定时期内，人们愿意并有能力购买或承租住宅的数量（Crews & Olsen，2002；杨霞和徐邓耀，2011）。马斯洛将人的内在需求按照由高到低的顺序依次划分为五个层次，分别是：自我实现需求、尊重需求、社会需求、安全需求和生理需求，只有保证低层次的需求得到基本满足，更高层次的需求才能成为主导需求。青年人才的住房需求也是同理，住房首先作为人们居住生活的基本资料，为人们提供居住休息的场所；其次还可以作为发展资料，为人们提供社交、工作、娱乐和学习的场所，帮助人们追求更高层次的自我价值。只有满足低层次的住房需求后，人们的住房需求才会转向更高层次。

由于住房具有消费品和资本品双重属性，住房需求呈现多样性、区域性、阶段性、层次性、可替代性等特点，受到房价、人口特征、收入、消费者偏好、预期、金融环境等因素的影响。当前，住房需求按照需求目的可以划分为自住性需求和投资性需求，其中，自住性需求又由生存性需求和改善性需求组成。住房需求属于公民基本权利的范畴，为了从法律上确保公民拥有充足的住房权，许多国家已经将住房权利保障写入宪法并且规定政府必须承担住房保障责任（黄建宏，2018）。

2.1.3　住房满意度

对满意度的研究最早出现在心理学、社会学等领域。霍华德（Howard）和贾格迪什（Jagdish）（1969）将满意度模型运用于消费者理论，并将顾客满意度定义为：消费者在发生购买行为时，评判所付出的代价和所获得的收益是否相符，是顾客对使用过程的反馈。丘吉尔（Churchill）

（1982）提出，消费者满意度是购买与使用产品的结果，是消费者将期望结果与投入成本进行比较时的一种心理状态。自卡多佐（Cardozo）（1965）把"顾客满意度"的概念引入营销领域至今，人们对这一概念的研究已经进行了近60年。

住房满意度最早来源于顾客满意度理论，是指居民对其预期居住效果与实际居住体验的实现和一致程度的一种情绪反应和心理状态，也是住客对于住房质量的主观性评价。其产生的原因一般与住客消费前的期望度、对住房的价格感知，以及对住房体验和居住质量的感知有关。它可能会产生两种结果，住客对此均满意会重复消费进而产生忠诚度，住客如有任何的不满意就会引发抱怨或者投诉。因此，对住房的满意或者不满意只是一种相对的判断，它需要住客对住房本身和公共物品作出综合的评判。

住房满意度研究在国外已经较为成熟，具有代表性的满意度模型有三个，分别是：瑞典的 SCSB 模型、欧盟的 ECSI 模型和美国的 ACSI 模型。国内学者对住房满意度的研究始于20世纪90年代，随着人们对人居环境的重视和部分城市"宜居城市"建设目标的提出，居住满意度相关研究逐渐引起了国内学者的重视。根据踪程和陈立文（2021）的研究，居民的住房满意度可以定义为居民基于入住的现有住房状况与入住前自身所具备的居住条件进行对比而产生的一种心理感知状态。与原有住房相比有相当程度的改善则会提高其住房满意度，反之，住房满意度会降低。

影响住房满意度的因素有很多，国内外大部分研究指出，诸如房屋质量、周围环境、辅助设施、物业管理和交通便捷程度等因素对于住房满意度有着至关重要的影响。另外，个人和家庭特征也与住房满意度有密切关系。多尔蒂（Dougherty，1999）对美国住房调查数据进行研究发现，收入较高、文化程度较高且年龄较大的居民的住房满意度较高，除物质因素外，心理因素也会显著影响住房满意度。王迪（2020）研究发现，住房满意度还受到住房价值、住房面积、地区差异等因素的影响。

2.1.4　租购选择

建立租购并举的住房制度，是我国现阶段深化住房制度改革的关键内容。租购选择，是城市居民在实现其住房目标过程中常见的问题，也是青年住房行为研究领域的热点。租购选择属于住房选择的一种，是指市民对于住房类型的选择偏好，实际反映市民的居住状况以及住房面积、居住户型和住房权属的选择。在我国，住房租购选择主要表现为住房权属选择。

对住房租购选择的研究始于 20 世纪 80 年代，最具代表性的成果是美国布朗大学经济学和城市研究教授亨德森（Henderson）和美国塔夫茨大学经济学教授约阿尼德斯（Ioannides）于 1983 年发表在《美国经济评论》（*American Economic Review*）的 "*A Model of Housing Tenure Choice*"，该著作分析了住房的消费——投资双重属性，首次将住房需求和个人跨期收入结合起来，研究消费者的住房租买决策行为。随后大量学者开始了"住房租买选择影响因素"的研究。主要研究视角包括：宏观与微观视角、主观与客观视角、经济与非经济视角、供给与需求视角及权属选择等多种层面。宏观因素包括税收政策和信贷政策、政府补助政策、住房保障等特殊政策以及通货膨胀、利率变动等方面。微观因素包括住房特征、房价因素、家庭人口特征及其生命周期因素、收入与财富等家庭经济特征因素以及户主心理特征因素等（胡国平、韦春丽，2017）。哈姆扎（Hamzah，2020）基于经济理性视角，认为较高的收入和受教育水平对更好的住房选择有促进作用。蒙德拉（Mundra，2020）从生命周期视角描述了不同发展阶段人的发展特征及其住房需求，提出年龄、婚姻、生育等一系列家庭结构或规模的变化都可能对住房选择产生影响。桑切斯（Sanchez，2021）研究发现，较高的房价收入比和市场经济衰退等环境要素对家庭或个人的租购选择会产生很大影响。

2.1.5 住房保障

住房保障，一般是指由政府承担解决住房困难群体的责任，以保证社会成员住有所居（贾康和刘军民，2008；马黎明，2009；北京天则，2011）。住房保障是国家和社会的基本福利项目，这个福利项目为所有社会成员提供最基本的居住条件，是社会保障在居住领域的扩展和延伸，属于国家社会保障体系的范畴（康波，2017）。政府应担当住房保障的责任主体，这在理论层面和政策实践层面上均已达成共识（杨红旭，2009；冯俊，2010）。但对于住房保障对象的界定却存在两种不同的观点。第一种是狭义的住房保障观，认为应定义为救助性保障，以解决最需要帮助的住房困难群体的居住问题为主要政策目标，政府对社会成员中无力参与市场竞争者以及竞争中的失败者进行的居所救助（余凌志和屠梅曾，2007；刘琳，2009），是政府对少数人的临时性救济，是特定经济发展阶段下弥补住房市场上市场失灵的办法（陈杰，2009）。第二种是广义的住房保障观，认为住房保障应该面向全体社会成员满足其基本住房需要。由于市场不可能解决所有人特别是中低收入家庭的住房问题，政府必须对住房建设及供给，特别是中低收入居民的住房提供各种方式的支持（张勇，2007；马黎明，2009；彭岩，2009；贾生华，2012）。陈淮（2009）认为，完善的住房保障应包括救助（救济）性保障、援助性保障、互助性保障和自助性保障四个层次，这四个层次的无缝对接和交叉覆盖才能真正实现人人享有适当住房的目标。

住房保障常用的方式主要有两种。第一种是向法定或政策范围内的公民提供住房补贴。第二种是直接向无房公民提供价格低廉的住房。除此之外，有些国家及地区还将住房贷款归入住房保障体系中。在一些发达国家，他们还将提高住房的居住效用、争取良好的居住环境纳入住房保障的主要内容。近年来，我国住房保障体系不断发展，保障内容和形式不断深化。上海市住房保障和房屋管理局局长刘海生（2012）提出，构建由廉租住房、共有产权保障房、公共租赁住房、动迁安置住房组成的"四位一体，租售并举"住房保障体系。董雪丰（2020）认为，我国住房保障运行机制应包括供应机制、规划布局、准入机制、退出机制、融资机制和法律支持机制六个部分。这些研究都偏向于从供给或保障方式来定义住房保障体系。还有学者针对我国住房保障存在的问题，如覆盖面不够广、保障方式单一、保障方式之间缺乏衔接、政策体系不完善、管理体系不健全等，认为住房保障不应只局限于供应端，当前特别要关注供后"人的管理""物的管理"（姚玲珍，2012）。虞晓芬等（2020）围绕"谁来保障、保障谁、如何保障"三大问题，提出了新形势下我国住房保障的责任分工体系、保障对象与保障标准体系、要素投入保证体系、供给与保障方式体系以及管理体系等内容。

2.2 基础理论

2.2.1 住房效用理论

效用的经济学含义是消费者消费商品或服务对欲望的满足程度。早在 19 世纪，就有研究者将效用定义为：人们可以规范地将所有可能的情况，按照偏好程度由大到小进行等级排列。住房效用是指住房满足人的欲望和需求的能力和程度。住房的效用来源于住房提供的服务，包括住房内各种设备、设施以及所在的区位、环境和配套设施适宜性等（Palmquist，1984；Chang，1999；郑思齐，2011）。住房效用理论主要论点包括：第一，同一住房对同一消费者来说效用不变，无论该住房价格上涨还是下跌（易宪容，2015）；第二，同一套住房对不同阶层的家庭效用不同，对低收入家庭的效用比高收入家庭的效用大（蔡若愚，2008）；第三，住房的边际效用递减，即随着单套住房内各个相同功能单元数量的增加，即使在总效用增加的时候，其增量也逐渐减少，边际效用趋于下降，并在总效用达到最大值后成为负数（Clark & Smith，1982；Chen & Enstrom，2005；朱天华，2011）。第四，效用是决定住房价格水平的重要基础因素，随着公共服务水平的提升，住房效用增大，房价资本化的力度也越来越强（Rosen，1974）。

由于很难去精确度量效用，因此序数效用论成了评价效用的主流方法（吕萍等，2014），比较常见的是测算住房满意度或住房满意指数，用满意度来反映居民对住房消费的偏好，进而间接衡量住房的效用。也有学者认为可以直接用住房满意度作为评价住房效用的指标工具（张原，2008）。

2.2.2 理性选择理论

理性选择理论（rational choice perspective）是研究当代社会学问题最

为重要的经济学理论之一（Werbel & Balkin，2010）。它以古典经济学家亚当·斯密著作中的经济人假设来解释人类的行为，认为人的一切行为都是理性的，人的任何行动都是为了获得经济报酬，市场机制能够比其他人为组织更好地解决大多数经济和社会问题（Cheng et al.，2014）。理性选择理论以"理性人"为基本假设和出发点，以效益最大化为行动的追求目标，对韦伯提出的"工具合理性行动""价值合理性行动"具有重要的解释作用（Osborne & Capellan，2015）。其基本假设包括：第一，个人是自身最大利益的追求者；第二，在特定情境中有不同的行为策略可供选择；第三，人在理智上相信不同的选择会导致不同的结果；第四，人在主观上对不同的选择结果有不同的偏好排列。该理论认为，理性选择行为发生须符合如下条件：$V = BP_0 - CP_1 > 0$，其中，V 代表预期行为的纯价值；B 代表预期效益；C 代表预期代价；P_0 代表行为成功的可能性；P_1 代表行为失败的可能性（Haan & Vos，2003）。

20 世纪 90 年代，美国科学家科尔曼（Coleman，J.）又在其理论基础上进行了衍生和发展，他认为"理性"这个概念不仅可以用于解释人们的经济行为，还可以用于解释由个体到社会结构不同层次间主体的社会行动。他以理性选择理论为立足点，在其著作《社会理论的基础》中提出了更为系统的"理性行动理论"（Abell，2003）。其主要观点如下。第一，一个行动系统包括行动者、资源和利益三个基本元素，行动者与资源之间的关系是控制关系与利益关系，行动者的行动原则可以表述为最大限度地获取效益。第二，社会行动系统内部有两个或以上的行动者，一般情况下，行动者并不能控制满足自身利益的所有资源，许多资源是由其他人控制着；同样，行动者也控制着其他人所需要的某些资源。因此，行动者之间就可以通过交换活动来满足各自的利益，这样就产生了人际互动。第三，人们的理性行动总是在一定规范指导下的行动，规范一旦出现，便可引导个人行动，从而决定个人所得利益。所以，规范的制定和形成对于制约并控制处于微观水平行动的个人十分重要。第四，针对不同的行动者应采取不同的约束手段，对自然人进行社会控制的手段主要是社会规范和社会化，而对法人行动的控制则主要通过制定法律和税收政策，加强外部管理来实施。

2.2.3　消费者行为理论

消费者行为理论（theory of consumer behavior）是研究消费者如何在各种商品和劳务之间分配他们的收入，以达到满足程度最大化的理论。科特拉（Kollat，1970）将消费者行为定义为消费者获取商品和服务的行为总和，其不仅包含消费者购买某商品或服务的决定，还包含消费者作出最终决定的决策过程，因此消费者行为是动态的，它涉及感知、认知行为和环境因素的互动作用，也涉及交易的过程。消费者行为理论的核心是效用理论，包括基数效用论和序数效用论。基数效用论采用边际效用分析法，序数效用论采用无差异曲线分析法。研究消费者行为的最终目的是要从本质上对决策行为的机制作出说明、解释和预测，以便提高研究的科学性与有效性。根据消费者行为理论，消费者的消费观念和生活方式会同时受到内外部因素的影响。内部因素包括消费者对产品和服务的"态度"、受教育程度、记忆力、情绪、个性特征和收入水平等；外部因素则包括家庭规模、社会交往、网络舆论、文化传统和政策环境等。

常用的消费者行为模型主要有计划行为模型和 COM－B 模型。20 世纪末期，心理学家阿杰恩（Ajzen）提出了计划行为理论 TPB（theory of planned behavior），该理论认为，人的行为是经过深思熟虑而产生的，影响消费者行为的因素包括态度、主观规范、感知到的行为控制、行为意向和实际行为等。TPB 模型认为，人的行为意向受态度、主观规范和感知到的行为控制所影响，而行为意向又是决定消费者行为的主要原因。COM－B 模型是近几年提出的新理论，由 Michie 等提出。该模型认为消费者行为主要受到客观能力、主观动机、机会三个因素的影响。COM－B 模型主要用于组织群体行为引导，后来在此理论的基础上米奇（Michie）提出了行为改变论（the behaviour change wheel）。

2.2.4　住房梯度消费理论

住房梯度消费是指居民以经济和适用为原则，根据个人情况，如年龄、收入、职业等各方面因素，来确定自己的住房消费层次，购买或租赁符合家庭实际需要的住房，合理改善居住条件（Ohls，1975；Arnott et al.，1999；向媛，2012）。住房梯度消费理论建立在过滤论和互换论的基础上，是调节住房供给，解决中低收入群体住房问题的一项重要理论基础。该理论认为，住宅市场的消费具有梯级消费规律。随着经济发展和城市化进程的加快，对住房的需求趋于高级化，新建住房因其高品质、户型合理、功能完备、区位优势吸引高收入阶层购买，而腾空的住房由较低收入家庭迁入，住房消费市场形成了长长的住宅消费链（Park et al.，1925；奥沙利文，2003）。如果把住房的不同价格构成比作一座金字塔，同时把消费者不同的收入水平比作另一座金字塔，那么消费者的住房消费应该是在其中某一个相对应的住房层面上进行的（褚超孚，2005）。然而，由于低端住房市场往往存在着原有住房品质下降和房屋拆除等问题，而低收入家庭难以通过自身力量去改善住房条件，住房梯级消费过程可能极其缓慢或中断，因此需要政府的住房干预，通过公共住房政策来实现住房消费公平和改善住房福利。

该理论进一步指出，在选择住房消费方式时，经济能力较弱且满足保障性住房申请标准的群体，会选择入住政府提供的公租房、廉租房等保障性住房，经济能力较强的群体会选择通过购买商品房满足住房需求，而处于中间水平的群体或没有满足购房要求的人群，会选择通过住房租赁市场解决住房问题。从整体来看，消费者和住房两个因素共同决定了城市的住宅消费系统。首先，价格是消费者选择住房时的决定性因素，收入较高的群体会根据自身的消费能力选择居住环境更优、交通出行更加方便、区位更好的房子，而剩下的房子则由中低收入的群体以更低的价格入住。其次，居民消费结构存在阶层化，消费者由于收入、职业、教育水平等属性的不同，会产生需求上的差异。而住房市场也存在梯度性，住房根据面积、租金、家具配套、装修情况、区位情况等因素出现梯度变化，只有不同梯度的住房才能满足不同层次的消费者的需求，让所有人都能拥有适合自己的住房。

2.2.5　社会保障理论

住房保障是社会保障的重要组成部分，因此，社会保障理论是住房保障制度产生与运转的重要理论依据。社会保障理论，是指国家凭借立法，积极调动各种社会资源，确保无收入、低收入或遇到意外的民众可以维持生存，保障民众的基本生活在患病、工伤、生育、年老或失业时不受影响，同时按照社会和经济的发展情况，逐渐提升公共福利水平，改善民众生活质量而形成的理论。

现代社会保障理论源于福利经济学，它为社会保障制度的建立奠定了理论基础。英国经济学家庇古（Pigou，1920）在《福利经济学》著作中系统地阐述了福利经济学理论，认为具有收入再分配性质的社会保障政策可以扩大一国的"经济福利"，因为再分配过程中穷人得到效用的增加要大于富人效用的损失，社会总效用会增加。他主张通过向富人征税补贴穷人，建立各种社会服务设施，向中低收入群体提供住房供给、养老金、基础教育、失业和医疗保险。20 世纪 30 年代以后，凯恩斯主义经济学以需求管理为核心建立了社会保障经济理论，认为社会保障对宏观经济具有积极效应。1942 年，社会保障史上具有划时代意义的《贝弗里奇报告》发表，明确提出了社会保障的"3U"（universality、unity、uniformity）原则，即普遍性原则、统一性原则和均等性原则。其中，普遍性原则要求社会保障作为公民的一项基本权利由全体公民普遍享有；统一性原则要求有关政策和社会保险的缴费标准、待遇支付要按照统一规定执行；均等性原则要求向那些处于不利地位的人提供更多的资源和可能性，尽量使所有的人获得更为均等的机会。社会保障均等化是保障全体社会成员生存底线的一项制度安排，体现了政府对处境最不利者的关怀，使弱势群体得到比较公正的对待，并激发他们的生活和生产能力（Dupeyroux，1989）。在这些思想影响下，住房保障作为社会的"安全网""减震器"应运而生。20 世纪 70 年代，新剑桥学派主张改变分配结构，给低收入者补助，加强社会福利等社会保障措施以解决收入分配问题。20 世纪 80 年代以后，新社会保障经济理论重视从社会保险与资本积累的关系上来论证社会保障对宏观经济均衡的影响。近年来，随着各国越来越重视人的全面发展，社会保障的动因开始从"缓解阶层矛盾"转向"促进人的发展"，从"个人需要"转向"社会需要"（肖行，2003）。

2.2.6　市场治理理论

市场治理理论是研究市场经济运行中规范市场行为和改善市场效率的理论体系，主要关注市场参与者的行为规范、信息对称、公平竞争、市场失灵的原因和解决方案等问题。市场治理理论起源于市场失灵理论。高鸿业（2007）将市场失灵表述为：现实的资本主义市场机制在很多场合不能导致资源的有效配置，这种情况被称为"市场失灵"。现代西方经济学家认为，市场失灵的原因包括外部性、公共物品、信息不对称和不完全竞争等（刘辉，1999）。根据市场失灵的不同原因和表现，经济学家将市场失灵进行分类。王冰（2000）将市场失灵划分为三种类型：局限性市场失灵、缺陷性市场失灵和负面性市场失灵，并提出矫正三类市场失灵的途径与措施。鲍金红和胡璇（2013）将市场失灵划分为效率性市场失灵、公平性市场失灵和不成熟性市场失灵。为解决市场失灵，经济学家从信息经济学、机制设计和社会契约等理论角度展开研究。其中，信息经济学重点研究市场中的信息不对称问题和信息传递的机制。它强调市场参与者在作出决策时，信息的不对称性可能导致市场失灵和资源配置的不优化。市场治理应通过提高信息透明度、降低信息不对称性，促进信息的有效传递和消费者保护，从而提高市场效率和经济福利。机制设计理论关注市场机制的设计和改进，以实现特定目标和激励机制。它强调在不完全信息和随机性条件下，通过设计合适的市场规则、契约和激励机制，可以提高交易效率和参与者的福利。市场治理应注重机制设计，以解决激励不足、道德风险和合同设计等问题，推动市场的良性运行。社会契约理论探讨市场参与者之间的契约关系和责任义务。它强调市场参与者不仅有经济交易上的利益关系，还有社会责任和合作共赢的契约关系。市场治理应通过建立正当的契约、维护社会责任和良好的企业行为规范，促进市场参与者的合作和互信，实现可持续发展和社会福祉。近年来，市场治理理论开始强调多元社会主体参与和管理社会公共事务，包括政府与非政府组织之间持续的合作关系；强调以调和为基础的问题处理方式，包括矛盾各方的沟通、对话、协商等，以实现社会利益最大化。

2.3　文献综述

本书聚焦青年人才住房保障问题，累计收集了420余篇（部）相关文献资料，其中，英文文献超过160篇（部）。通过梳理，发现它们与本书直接相关的研究视角主要有以下五个方面（见表2-1）。

表2-1　　　　　　　　　**主要研究视角与文献理论观点**

研究视角	主要代表性人物或论著	主要观点或结论
青年人才住房保障与国家治理	陈杰（2012）；魏万青（2018）；裴凌罡（2017）；曾德珩（2018）；汤阅森（2019）；Huang（2021）；	解决青年人才住房问题应坚持住房的居住属性，建立租售并举长效机制，是保障各类青年人才住房权益的应然选择
白领青年住房贫困与市场机制	刘祖云（2017）；吴开泽（2018）；Zhu（2018）；闵学勤（2012）；宋伟轩（2019）；Sullivan（2020）；	白领青年呈现居住贫困倾向。父辈的财富积累、身份和代际支持对于下一代的购房能力有重要影响。居住空间存在两极分化与空间剥夺现象
住房消费行为与租购选择	Wheaton（1992）；Ali（2008）；刘洪玉（2016）；冯俊（2018）；虞晓芬（2018）；Coulter（2021）；	租赁和购买具有替代关系和挤出效应，租购失衡引发市场失序。租购选择因素主要有：收入、成本、效用、制度、人口、预期、居住文化等
青年住房模式与住房路径	Perez（2011）；Ronald（2017）；倪星（2017）；洪世键（2019）；Arundel（2017）；Hirayama（2022）；	青年在住房选择和住房支持上呈现明显的个体特征，随着个体年龄的增长和家庭结构的改变，住房模式呈现周期性规律
社会反应与演化趋势	Davis（2005）；廉思（2017）；仇立平（2014）；张翼（2016）；许琪（2017）；韦宏耀（2021）；	收入较高的青年人才亦存在严重的对住房消费支付能力的焦虑和相对剥夺感，具有中国特色的"啃老""亲子一体"等现象突出

2.3.1　青年人才住房保障与国家治理

青年人才住房问题是一个全球性的社会问题，各个国家、各种社会形态在快速发展过程中普遍都会面临，如不加以重视或妥善治理，对于一个国家的社会和谐与可持续发展将会产生深远的影响。一是会影响婚恋和生育，进而影响人口结构。青年步入婚姻成立自己的小家，住房是必不可少的需求，较高的住房价格增加了婚姻和生育的成本，使得青年人才推迟结婚和生育决策，导致单身人口数量增加、未婚比例提高、初婚年龄延迟、生育水平下降的"三高一低"新常态。二是会导致城市人才流失。青年人才在"用脚投票"选择定居的城市时，居住成本是重要考虑因素。如果一座城市因为高房价、高租金挤走了大量优秀的青年人才，久而久之，这座城市的竞争力就会受到影响。三是会加深贫富差距的代际转移。当前，很大一部分青年购房群体是凭借父母经济条件和家庭资本这些先赋因素的支持而获得住房产权，依赖于父代资助购房的青年群体在住房财富积累中占据优势；而城市青年群体依靠自身努力的后致因素往往难以改变住房条件，家庭经济地位较低的青年的购房变得越来越困难，代际差距进一步拉大。

如何保障青年人才的住房权益是推进国家治理体系和治理能力现代化的重要课题，现有文献主要关注以下问题：第一，青年住房权益保护。住房是青年发展的重要保障（宋健，2015；吴开泽，2018），解决好青年的住房问题应坚持房子的居住属性，降低青年住房成本，维护青年合法权益，加快区域内城市协同发展，平衡住房需求，促进流动青年市民化（黄建宏，2018；于淼，2019；宋程，2020）。第二，保障性住房政策变迁与制度冲突。中国城市住房制度在 90 年代之前主要强调其使用价值，而在房改之后逐步凸显其交换价值（魏万青，2018；陈胜，2015）。在以市场为导向的住房分配环境中，保障性住房政策可以看作是一种对弱势群体进行托底保护的政策扩散（朱亚鹏等，2016）。但是，因政策漏洞和制度冲突存在寻租空间进而容易滋生不公。例如，部分研究者对一些地方的保障性住房错配和失范等问题提出了警示（曾辉等，2017；Huang，2016）。第三，宏观调控与住房权保护。房地产行业对带动经济增长和扩大内需有积极意义（Wu，2015；陈杰，2012），中央—地方政府的长期博弈有碍于住房保障政策的落实（陈友华等，2017；陈映芳，2016）。建立租售并举长效机制，从源头上盘活存量，利用金融、税收等工具有效地引导租房消费（叶剑平等，2015；何芳，2017），并从空间正义的角度遏制资本的无限制扩张，是保障各类青年人才住房权益的应然选择（张广利等；2018；张鸿雁，2017）。

2.3.2　白领青年住房贫困因素与市场机制

当前，理论界对于青年住房问题的因素及机制有较多关注。第一，白领青年住房贫困。围于大城市房价普遍上涨，研究者注意到白领青年群体逐步呈现出居住贫困的倾向（潘泽泉等，2017），"群租房"等廉价的非正规居住空间也随之增多（赵衡宇等，2019）。第二，家庭财富、先赋因素与居住分层。与东欧前社会主义国家类似，我国现阶段的住房不平等问题主要是由家庭先赋因素和家庭所处社会阶层决定的（刘祖云，2017；李斌等，2016）。父辈的财富积累、身份和代际支持对于下一代的购房能力产生重要影响（毛小平，2014；蔡禾等，2013；吴开泽，2018）。随着住房改革的逐步推进和房地产市场的蓬勃发展，以住房财富为参照的阶层分化逐步形成（刘精明等，2005；张海东等，2017；张文宏等，2021）。第三，居住的空间分异与隔离。研究者多以不同类型的社区为研究空间，着重关注城中村和门禁社区这两种具有典型空间分异特征的居住空间，并以居住贫困（陈映芳等，2015；张宝义，2014）和中产阶层化（宋伟轩，2019；洪世键，2016）为主线阐释后改革时代我国居住空间的两极分化与空间剥夺。

2.3.3　住房消费行为与租购选择

租购选择是青年住房问题研究的热点，主要关注以下问题。第一，租购关系。购买和租赁是住房消费的两种主要方式，国内外学界普遍认为，两者具有替代关系（Wheaton，1992；Ali，2008；刘洪玉，2016；Kattenberg，2017）。也有学者指出，租赁住房获得的效用要低于购买住房（黄燕芬，2017），购买需求对租赁需求存在挤出效应（叶剑平，2016），这是造成我国住房租赁市场不平衡、不充分的根源（汪利娜，2018）。第二，租购选择。有较多的文献关注了租购选择问题，但无确定性结论。国外主要从成本费用、消费者效用、跨期选择、市场预期等视角来研究租购决策行为，如谢尔顿（Shelton，1996）发现居民总是按照成本最小化作出选择。黄（Huang，2016）的研究指出，在预算约束下，消费者根据住房自有与租赁带来的效用大小作出租买决定。卡布森（Kabsung，2012）、路易斯（Luis，2015）发现，收入波动较大时倾向于租房，而收入稳定性较高的人群偏好于购房。另外，支出不确定性（Jingkui，2014）、失业风险（Thomas，2017）、心理因素（Shahar，2017）、货币幻觉和过度信心（Akerlof，2019）也会影响租买决策。我国住房市场的特征是购房需求过旺而租赁需求不足，租购失衡引发市场失序（虞晓芬，2018）。罗忆军（2018）指出，投资需求和消费需求是决定租买选择的重要因素。任荣荣（2015）认为，租买选择主要受家庭特征、住房特征和制度环境等因素的影响。还有大量研究发现，税收效用（王振坡，2018）、融资约束（黄玉屏，2018）、交易成本（朱祥波，2015）、福利政策和传统居住文化（杨永春，2017），也对居民租购行为产生影响。第三，租购调适。在成熟经济体，住房租赁市场和销售市场存在互动调节机制，通过租金和房价波动，影响租购行为（Pasquale，2012）。崔裴和胡金星（2014）研究证实，发达国家住房销售价格和租金之间存在长期均衡，但是，我国房价和租金偏离了协整关系，表明我国住房租赁市场发育不完善（倪虹，2016；冯俊，2018；秦虹，2018）。

2.3.4　青年住房模式与住房路径

青年在住房选择和住房支持上呈现明显的个体特征，在住房理念和居住方式上表现出新趋势。第一，租房一代。受新自由主义住房政策影响的国家出现了"租房一代"（gentrification rent），英国等国的青年群体比以往经历更为普遍且持续时间更久的租房生涯（Arundel et al.，2017；Soaita et al.，2016）。代际在住房支付能力和财富积累方面产生了更为严重的不均衡（Coulter，2016；Christophers，2018；方长春，2017）。第二，住房生命周期和住房路径。20世纪90年代末到21世纪初，西方研究者多基于面板数据，以线性的角度去看待住房问题，并认为住房多是随着个体年龄的增长和家庭结构的改变而不断改善和发展的，具有周期性规律（Clark et al.，2003）。在引入宏观经济政策等变量后，一些学者倾向于将住房变迁定义为"生命历程"（housing career），指出该"生命历程"无法准确预判，且不断受到外部因素影响（Magnusson Turner et al.，2014）。不少学者也尝试运用质性研究的手段探讨住房选择及其背后的复杂成因（Clapham，2005；Hochstenbach et al.，2015；陆铭，2017），并将此类手段定义为"住房路径"（housing pathways）。第三，非物质生活方式。许多具有购房条件的青年选择与他人共享居住空间（Kenyon et al.，2021），在发达国家出现的公共住宅能给予渴望乌托邦式生活的人群以全新的居住体验（Ruiu，2016；Chiodelli，2015）。针对无家可归的贫困青年，"沙发客"（couch surfing）则给了他们廉价且有安全保障的选择（McLoughlin，2013）。

2.3.5　社会反应与演化趋势

近年来，有较多学者从社会学视角研究青年人才住房问题。第一，住房焦虑与负效应。住房消费的符号化和拜物特征越发显著（闵学勤，2012；李薇，2016），中等收入群体普遍承受了极大的同辈压力（朱迪，2018；胡小武，2012），而收入较高的青年人才也存在严重的对住房消费支付能力的焦虑和相对剥夺感（风笑天，2011；陈光金，2018）。第二，家庭和社会关系再生产。研究者从婚姻和代际互动的角度发现，家庭的财富与子女婚姻和婚后购房能力存在明显的关联（陈开斌等，2013；廉思等，2017）。而代际的互动与协作也因青年购房和城市生存压力而出现调整——具有中国特色的"啃老""亲子一体"等现象愈显突出（李春玲，2015；刘汶蓉，2016；许琪，2017）。第三，空巢青年、共享经济与长租公寓。受制于婚姻、家庭观念变迁和住房支付能力降低等因素，独居青年逐渐增多（何绍辉，2017；曲文勇等，2019）。与此同时，具有变革性质的居住空间和生活方式，如长租公寓和基于网络平台的住房共享方式开始在中国出现，并得以快速扩张和发展（李燕琴等，2019；王宁，2017）。第四，住房排斥与阶层分化。住房不平等加剧了社会的同质化和分裂。一些高收入人群聚集在高档住区，低收入人群则集中居住在经济条件较差的城市边缘或不受重视的地区，由此产生了社会空间分化现象。这种住房分配不公的情况使得包括青年人才在内的社会弱势群体难以融入主流社会，产生进一步的社会不平等（程时峰和张静，2019）。此外，在城市中，由于严格的户籍限制以及住房政策福利的排斥（吴开泽和陈琳，2019；潘静，2019），多数青年难以享受到与城市本地人同等的待遇，在子女教育、住房、医疗保障等问题上也面临着一系列的障碍。另外，由于住房往往是婚姻的先决条件，当下沉重的住房负担加剧了结婚率降低、生育率下降等社会问题。与此同时，强调拥有住房是婚姻市场的先决条件，可能会把在住房市场处于劣势的年轻男性挤出婚姻市场。而住房产权与基础教育等社会保障和福利挂钩进一步加剧了由代际累积、户籍制度以及地区间发展差距所产生的阶层分化。

2.3.6　研究评述

国内研究从宏观层面考量了影响青年群体购房的先赋条件，以及代际互助与支持等具有中国特色的元素，并从中观层面关注了青年住房贫困阶层，白领青年的居住隔离和部分群体的住房焦虑等问题，探究了中国城市居民住房生命周期和生命历程中的主要矛盾。国外研究从微观层面对青年住房危机、居住贫困和新式居住生活方式进行了前瞻性的研讨，然而，多关注比较极端的住房情况，忽视了处于中间状态的青年人才群体，而且对个体"住房路径"的差异化特征未能够充分重视。

总体而言，已有文献在研究方法、研究视角等方面具有重要借鉴价值，主要局限在于：第一，无论国内还是国外，以特殊群体为对象的研究均不多见，更缺少专门针对"青年人才"住房问题的质性研究。第二，研究深度上，已有文献大都是基于一般性的宏观或中观层面的分析，缺少对因素、路径、机理等微观视角的研究。第三，研究方法上以定性和简单统计分析为主，鲜有基于实证调查和数理统计的定量研究。第四，保障措施上，一般都单独讨论产权式保障或租赁式保障，鲜有基于租购一体化思路的住房保障研究成果。本书尝试对上述问题进行深入研究。

2.4　典型国家和地区青年住房问题治理经验

2.4.1　英国

进入 21 世纪以来，英国陷入了一轮较为严重的住房危机。希尔伯特

（Hilber，2010）将危机总结为房价高涨且波动剧烈；英国住房慈善机构（Shelter Housing Charity）认为，引发住房危机的根本原因是房屋供给不足，在住房供给不足的背景下，青年的住房需求得不到满足，住房现状令人担忧。英国统计局资料显示，2008 年，英国 20～24 岁青年中有 42% 与父母同住，而到了 2013 年，这一比例进一步上升到 49%（Clapham et al.，2015）。此外，英国青年未来的住房状况同样不容乐观，巴克（Barker，2014）认为，导致英国住房供应不足的主要原因是该国的土地规划体系。自 1947 年英国政府颁布《城镇规划法案》以来，英国土地开发一直采用地方政府审批制度，并且坚持控制城市增长、保护环境、保持地貌、实现可持续发展四大原则（Cullingworth，2002），房地产商在申报住宅地产项目的同时需满足一系列苛刻的条件，如社区建设、保障房供给、环境改善、交通规划等，这在很大程度上抑制了房地产商开发住宅地产的积极性，加剧了住房的供需矛盾。为缓和住房危机，特别是帮助年轻人解决住房问题，英国政府推出了一系列综合性住房支持措施。

一是为开发商提供融资支持，加大住房供应。2011 年 11 月，英国政府启动"住房建设促进计划"（get britain building scheme），该计划的主要目的是为因融资困难而被迫停工的商品房建设项目提供资金支持，计划最终通过了总额为 5.7 亿英镑的住房建设促进基金。2014 年 5 月，英国政府继续设立总额为 52.5 亿英镑的工程建设融资基金来为住房建设项目提供融资支持。这一举措取得了良好的效果，开发商增加了住房建设的投资，英国也因此增加了商品房的供应。2014～2015 财年，英国新开工的住房建设数量为 16.7 万套，同比增加了 43.97%。

二是为购房者提供融资便利，提高青年购房率。2013 年 3 月，英国在财政预算案中正式提出了"购房援助计划"（help to buy scheme）。这个计划旨在帮助那些缺乏首付和财务能力但有购房需求的年轻人买房。"购房援助计划"主要有三种形式：股本贷款计划、房屋抵押贷款担保计划和共有产权计划。股本贷款计划采用的是政府担保贷款模式，政府向购房者提供贷款，购房者可以以此作为购买房屋的首付款。房屋抵押贷款担保计划的主要目标是减少购房者的按揭利率，这能够直接减少购房者支付的抵押贷款利息。共有产权计划通过购房者与开发商共同持有房屋产权，从而有效减少了购房者的首付和按揭贷款压力。上述三种援助计划的具体内容和对象见表 2 - 2。

表 2 - 2　　　　　　　　英国"购房援助计划"主要内容

时间	政策名称	主要内容
1940 年至今	共有产权计划 （shared ownership）	家庭年收入小于 8 万英镑，申请者支付 25% ~ 75%，剩余房款由住房协会支付。购房者与住房协会共同享有房屋产权
2013 ~ 2021 年	股本贷款计划 （equity loan）	总价 60 万英镑以下自住房可申请贷款，首付 5%，政府提供 20% 贷款
2014 ~ 2017 年	房屋抵押贷款担保计划 （mortgage guarantee）	总价 60 万英镑以下用于自住，可以是二手房，首付不低于 5%

三是实行购房减免政策，提高年轻人的购房能力。除了针对年轻人提供融资便利政策外，英国还制定了针对 40 岁以下人士的打折式购房减免政策。2015 年 3 月，英国推出了"开始买房计划"（starter homes scheme），该计划规定，40 岁以下人士购买价格在 25 万英镑以下（在伦敦为 45 万英镑以下）的住房时，只需支付房价的 80% 即可购买，所购房屋在 5 年内不得上市交易或出租。购房减免政策增强了年轻人的购房能力，减轻了置业成本，对于稳定住房市场，提升青年住房水平起到了积极的促进作用。

四是完善租赁住房政策，满足青年的租房需求。英国政府采取了多种措施来增加社会住房的供应量，其中一项举措便是改进原有的制度，将原本无限制的社会住房租期改为更加灵活的租期（如 2 ~ 5 年），租期到期后根据租户收入状况的变化，严格审查并执行退出机制，以此增加社会住房的供应量，让更多真正有需要的年轻人能够享受政府住房保障（见表 2 - 3）。

表 2 - 3　　　　　　　　英国社会住房政策变迁

时间	政策名称	主要内容
20 世纪早期	付租居住 （pav to stay）	年收入超 6 万英镑，必须向住房协会支付与市场水平相当的租金
2010 年	可负担租金政策 （affordable rents）	对愿意租住新建或新装修的条件较好的住房申请者征收较高的租金
2012 年	购买权政策 （right to buy）	住房协会和地方政府以折扣方式将社会住房出售给租住达到一定年限的租户，鼓励租住家庭购买社会住房

除此以外，为增加租赁住房来源，减轻政府财政负担，英国政府还采取了一系列措施来增加私人租赁住房的供应并保持房租稳定，比较典型的有建房出租计划、私人租赁部门担保计划和帮助租房计划，见表 2 - 4。

表 2 - 4　　　　　　　　英国私人租赁住房供给激励政策

时间	政策名称	政策内容
2012 年	建房出租计划 （build to rent）	按照计划要求，通过投标方式获得融资支持的开发商建成的住房必须用于私人租赁
2013 年	私人租赁部门担保计划 （private rental security scheme）	社会投资者可以向政府申请贷款担保，所获贷款必须用于购买新建住宅，购买的新建住宅须投入到租赁市场
2015 年	帮助租房计划 （help to rent）	满足条件可获 1 500 英镑的低息贷款，以此支付私人租赁住房必需的押金和最初几个月的房租

2.4.2　美国

与英国不同，美国青年所面临的住房困境并非供给不足，而是因需求乏力造成的居住水平低下。贝尔斯基（Belsky，2012）的研究指出，次贷危机爆发之后，美国房价相比于金融危机爆发前水平下跌超过 30%，这极大地打击了以城市青年为代表的潜在购房者的市场信心。彭达利（Pendall，2016）认为，金融危机后美国住房市场的信心匮乏，住房市场供过于求，从而引发了严重的房地产危机。在此基础上，彭达利（Pendall，2016）进一步分析了美国青年的住房现状。通过对不同人种青年的跟踪研究，他得出引发美国青年住房危机主要有三大原因。其一，金融危机的爆发导致青年实际工资减少，失业率增加。其二，个人债务的累计（包括教育贷款和信用卡消费）使得青年可支配收入进一步降低。其三，房地产市场的整体衰落打击了青年的购房信心。总而言之，美国青年客观上实际收入减少，主观上购房意愿降低。因此，他们逐渐倾向于通过租赁住房或者借住父母亲朋居所来满足住房需求，这不仅降低了住房水平和满意度，还推迟了美国青年的婚姻与家庭计划，对美国青年整体的生活品质产生不良影响。针对上述情况，美国制定了一系列公共住房制度，以期改善青年住房状况。该制度主要围绕住房补贴等措施展开，主要内容包括以下两个方面。

一方面是补贴房屋生产者以提供更多的廉价住房。1986 年，《美国税制改革法》颁布，其中第 42 条法案是低收入住房税收抵免政策（LIHTC）。该计划规定，开发商所获得的税收抵免额既可以直接用于抵税，也可以通过中介组织将抵税额出售给个人或机构投资者，进而将社会资本引入保障房市场。根据该计划，美国国内税务局（JCT）每年按照人均 1.25～2.0 美元的标准确定各州当年的税收抵免总额（Desai，2008），州代理机构再依据开发商的申请，对符合条件的申请项目择优资助，确定资助对象及额度。有资格获得 LIHTC 计划资助的住房项目必须同时符合以下两个条件。

第一，至少有 20% 的住房价格可以被收入在地区平均收入（AMI）50% 以下的住户所接收，或者至少有 40% 的住房价格可以被收入在地区平均收入（AMI）60% 以下的住户所接收（巴曙松，2012），简称"20，50""40，60"政策。美国住房部（HUD）每年将根据经济增长、家庭收入增长等因素对各地平均收入标准进行调整，各地区再据此确定低收入家庭划线标准。

第二，房屋以低于市场的价格出租给低收入家庭的时间要保证达到 15 年。自 1989 年起，年限进一步延长到 30 年。但是，在第 15 年时，开发单位将获得一次将房屋转化为市场化住宅的申请机会。如果，政府房屋代理机构在一年时间里没有找到愿意购买这些房屋且保证面向低收入者出租的下家，那么这部分面向低收入家庭的住房就可以转化为市场化住宅。

符合上述条件的住房项目可以在 10 年内每年获得税收抵免额，年度税收抵免额度主要由项目建设成本和抵免率决定。项目建设成本是总成本减去土地成本、管理成本、长期贷款融资成本、营销成本等费用后的余额。抵免率有两档，分别是 9% 和 4%，前者适用于新建且尚未得到政府补贴的项目，后者适用于已经得到政府补贴的项目。如果全部单元均为低收入住房，还可以再乘以一个放大系数，即：年度税收抵免额度 = 项目建设成本 × 抵免率 × 放大系数。

LIHTC 项目对美国住房市场产生了重大影响，已经成为美国保障性住房供给的最大来源。据美国住房与城市建设部估算，自 1987 年正式实施以来，LIHTC 计划累计提供的保障房超过 200 万套，每年约有 40% 的单元是在 LIHTC 项目框架下新建或改造的（Williamson，2011）。从受益面看，该计划不仅让低收入者获得了更多可承担的居住选择（Stephen，2002）。同时，政府通过竞争性方式分配税收抵扣额度，保证了项目质量与效率。另外，由于 LIHTC 项目大部分是混合阶层住房，供给对象不限于低收入居民，因此，有利于减少贫困集聚和种族隔离，提升居住品质。

另一方面是直接补贴房屋需求者，以提高其住房的可支付能力。租房券是美国政府针对中低收入青年群体实施的极为重要的货币化补贴政策，该政策设计目标就是通过提供住房消费券让中低收入青年搬进"体面"且可负担的住房。纳入租房券计划的租赁房须符合特定的建筑质量要求，租金补贴直接支付给房东，数额为承租人可负担的合理租金上限与"支付标准"间的差额。

美国住房券计划给予中低收入青年自由选择住房的权利，允许住户根据自己的意愿选择不同房租水平的住房。选择条件好的住房，则超出补贴部分的租金由承租人自己承担，但最高不能超过其个人总收入的 40%；如果选择便宜的住房，则节省的资助结余可以保留。此外，该政策还允许租房券持有者在全美任何地方使用该券，增强了租房券的流动性和交易性。

计划实施以来，租房券已经成为美国住房补贴项目中受益范围最广的补助项目，显著降低了青年租户的住房负担，有利于改善居住环境、分散贫困、提升人力资本。美国住房和城市发展部统计数据显示，持有租房券的租户平均每年可获得八千美元的资助。2012～2018 年，租房券计划每年为超过 200 万个家庭提供了住房补贴；截至 2021 年 7 月，美国参与租房券计划的住房数量达到了 214 万个。值得一提的是，在新冠疫情暴发后，美国专门出台了《2021 年美国救援方案法》，该法案为低收入租房者，尤其是城市青年，提供了额外的住房补贴计划——特别租房券（emergency housing vouchers），总额达到 50 亿美元。

2.4.3 日本

长期以来，日本政府一直秉持"发展主义"的经济思路，将促进住房建设和推动居民购房视为刺激经济增长的引擎（Oizumi，2007）。这种做法促进了住房市场的发展和住房价格的上涨。在宏观上，日本形成了一种基于资产的福利体系，也就是住房自有社会（Izuhara，2016），居民通过房价上涨实现家庭资产的累积和财富的增值。在微观上，日本形成了一个稳定而单向的住房路径，青年从离开父母独自租住私人住宅开始，到结婚组建家庭后购买更大面积的公寓，进而随着孩子出生家庭规模变大而购买更大的别墅住宅，当孩子长大离开家后再将别墅住宅置换为养老住宅，最终退休时释放出现金作为养老积蓄，如此构成了一个线性的住房路径。在这种背景下，"拥有住房"成为了日本年轻人向中年过渡的关键起点之一，与"组建家庭""稳定工作"一同成为了日本主流中产社会的三大重要标志（Hirayama，2008）。

20 世纪 90 年代以来，日本房地产泡沫破裂，经济陷入了漫长衰退期。至 2014 年，日本全国城区平均房价只有 1991 年房价顶峰的 1/2，六大城市的平均房价只有 1991 年的 1/3（福本智之，2015）。然而，在这样的背景下，获得自己的住房依旧并不比过去容易，特别是对于日本的青年，他们在成年过渡期间获得自己的住房不再是理所当然的事情。聂晨和方伟（2017）通过对日本历年来的土地和住房普查数据以及人口普查数据的分析发现，与过去的单一、线性的住房路径相比，日本年轻人的住房路径呈现出新的多元化趋势，主要有四个特点：获得自有住房的比例较低，进入公共住房的比例较低，居住在父母家的比例较高，租住私人住房的比例较高。随着时间的推移，这种分化趋势不断加剧，日本年轻人进入中年的过渡期不断延长，也让部分年轻人逐渐被传统的以拥有住房为标志的主流社会所排斥，进一步导致了严重的内部分化。

在这样的背景下，为缓解年轻人和低收入者的住房困难，日本政府前后颁布了《住宅金融公库法》《公营住宅法》《日本住宅公团法》，逐渐形成了住宅金融公库、公营住宅、住宅公团三大住房指导政策（Masahiro T & Yasushi A，2020）。通过政策补贴和金融支持手段并用，严格执行保障对象准入及退出制度，较好地满足了各阶层民众的住房需要，保证了日本青年拥有充足的住宅（周建高和王凌宇，2014）。

（1）住宅金融公库。该政策主要针对那些难以获得银行等金融机构贷款的低收入人群，包括年轻人。住宅金融公库采取的是一种固定利率制度，其贷款期限最多可以达到 35 年。而且根据日本政府的规定，对于特别困难的群体，还款期限还可以再延长 10 年（孙淑芬，2011）。另外，日本政府为了保障房屋供给，鼓励社会建造小户型住宅，住宅金融公库还可以专门向建筑面积 120 平方米以下的业主发放长期低息贷款，此类贷款条件相对宽松，可以用于自建、改建和购买私人住宅。

（2）公营住宅制度。公营住宅主要面向年轻人等低收入和住房困难人群提供，它是一种社会福利住房，其租金一般比普通房屋的租金便宜一半还多，优点是租金便宜、价格稳定、交通方便。公营住宅分为两种，分别针对一般困难和特别困难的居民设置。在准入机制方面，公营住宅具有严格的准入退出机制，法律规定当在公营住宅内居住满 3 年或 5 年的居民，其收入水平超过保障范围后，会增加房租或者令其限期搬离，从而保障公营住宅制度的公平正义。

（3）住宅公团制度。住宅公团制度是指向城市中的中产阶级或中等收入群体提供住宅保障的一种制度，这种住宅主要由国家投资建设，在住房保障对象阶层和地域上弥补了住宅金融公库和公营住宅制度的缺失。日本政府规定，在人口超过 50 万人的城市都需设立住宅供应公社，这些公社分为租赁和出售两大类。其中，公社租赁住房主要面向中低收入人群，特别是向青年群体提供住房保障（金艾裙等，2015）。

2.4.4 俄罗斯

为保障人人享有舒适住房的目标，2004 年俄罗斯出台了针对青年群体的"青年家庭住房保障计划"。该计划对参与者的年龄有严格限制，要求夫妇双方年龄不得超过 35 岁，并且要在地方自治管理机构登记排队，各个地方还可以将计划参与者按照一定的条件人为进行区分。对青年家庭的补助具有区域性特点，例如，莫斯科就在限制年龄的基础上，要求夫妻两个人都应该长时间在莫斯科居住，并要求夫妇双方要对莫斯科市周边区域非常熟悉。而且，计划还规定夫妇婚龄不得超过 3 年，如果生下了小孩，则没有该项限制。

该制度规定参与计划的青年家庭可通过获得国家的补助以改善住房条

件，其中包括购买住房的首付款、购房债务、建造个人住房的费用等。对于符合条件的青年家庭，政府根据家庭子女人数提供数额不等的住房补贴。补贴范围根据家庭成员数和每平方米住房价格计算，对于 2 人家庭（无子女家庭或者不完全家庭）住房补助的标准面积是 42 平方米，超过 2 人的家庭则按照每人 18 平方米的指标计算。补助的最低范围与家庭儿童数有关，对于无子女家庭补助范围不少于房价的 35%，有小孩的家庭则不少于 40%。另外，如果家庭有新出生小孩还要按平均房价的 5% 追加补贴。通过以上措施，不仅能够改善青年家庭的住房条件，而且有利于提高人口出生率和青年群体的工作积极性。

根据该计划，青年的购房资金由三部分组成：青年自身、银行和政府补助。其中，按照家庭结构不同获得补助和贷款数额也不同。对于无子女家庭，根据上面提出的补助标准，42 平方米住房价值的 35% 是由政府补贴，剩余的 65% 由青年家庭自己通过首付款和贷款的形式实现，其中首付不少于 10%，也就是说，55% 的住房款是通过银行获得的。同理，对于多子女家庭购房资金模式相同，只是三方资金比例构成有所差别，子女越多政府补贴越多。根据规定，在有新生儿出生时会有 5% 的住房价值的追加补助，这些资金完全由地方政府承担。在地方政府和联邦政府的财政预算中，对于地方政府的资金要求比较高，根据要求，在青年家庭购房补贴政府补助中，联邦政府的预算支出只占 10%，而地方预算支出则不少于 25%，如果是多子女家庭则不少于 30%。

在整个计划实施过程中，俄罗斯联邦负责总体计划的制定和监督，并对地方进行财政拨款，而各地方政府则是整个计划实施的重点，不但要对保障人群进行登记和划分，还要提供财政补贴和制度环境。俄罗斯联邦和地方政府的结合促使"青年家庭住房保障计划"得以顺利实施。由于俄罗斯青年群体规模相对比较庞大，而预算资金有限，并不能保证每个青年家庭都能及时获得住房，因此，根据各地区实际情况，制定不同的措施来保证不同青年家庭获得住房也很有必要。例如，莫斯科专门制定了"青年家庭获得住房"计划，该计划将青年家庭分成三个层次，并根据不同层次制定不同的保障措施。可见，俄罗斯"青年家庭住房保障"并不是针对所有地区和人群的，住房矛盾激化的城市地区是保障的主要对象，并且受保障人群又按照不同标准再划分出不同层次，提高了资源保障的效率。

从制度的实施效果看，俄罗斯的"青年家庭住房保障计划"有力地缓解了青年的住房需求，实行这种"三三制"的购房模式不仅缓解了青年购房资金不足的问题，而且促进了俄罗斯住房保障政策的稳定性和可持续性。同时，俄罗斯青年住房保障的独特之处是其针对"年龄"和家庭成员结构进行补贴，而收入水平只是住房保障对象选择界定时的次要标准，这种划分保证了制度实施的公平性和效率。另外，人口负增长一直是困扰俄罗斯问题之一，对青年家庭提供住房保障，并且根据家庭子女数计算补助金额的大小，不但可以促进家庭生育率的提高，也改善了儿童的生长环境，间接提高了人口素质，提升了社会的整体福利水平。

2.4.5 德国

德国拥有相对完善的青年人才住房援助制度，其中，社会住房保障体系以及人才保障性住房（TAH）导向政策发挥了重要作用。具体可分为四种类型，分别是：社会人才住房（STH）、公共人才住房（PTH）、企业人才住房（ETH）、补贴人才住房（SH）。提供主体包括政府、非政府组织、私营雇主企业和社会个人房东，见表2-5。

表2-5　　　　德国青年人才保障性住房（TAH）类型划分

类型	提供主体	提供方式	保障待遇
社会人才住房（STH）	政府部门、非政府组织、私营企业、个人房东等	租赁型住房	房租低于市场
公共人才住房（PTH）	政府部门	租赁型住房、出售型住房	房租及售价低廉
企业人才住房（ETH）	非政府组织、私营企业、个人房东等	租赁型住房	人才在聘用期内享受较低甚至全免的租金
补贴人才住房（SH）	政府部门、非政府组织、私营企业、个人房东等	房租补贴、购房补贴	根据人才类型与等级、家庭情况、薪资水平等标准确定补贴数额

在金融激励方面，依据相关法律法规，金融手段贯穿TAH全过程建

设。TAH 投资商可申请免息或低息（利率 0.5%）贷款建造 TAH。目前，德国共有 TAH 住宅 340 万套，其中有 130 万套是通过政府长期、低利率贷款等手段建设的青年人才住宅。设立 TAH 储蓄奖励金、期限雇用人才储蓄奖金以及特殊人才资产积累奖金等，鼓励青年群体实行互助储蓄，如年收入超过 50 万欧元的 TAH 储户，年储蓄超过 50% 时，可获 15%～20% 的储蓄奖励金，特殊人才的雇主需在储蓄账户里每年存入 2 万～5 万欧元作为人才资产积累奖金。

在立法保障方面，通过立法明确规定了德国联邦政府以及地方政府在居民住房保障方面的职责。"二战"后，德国制定了完善的保障性住房法律法规，包括《住宅建设法》《工人置业促进法》《住房补助金法》《租房法》《住房储蓄法》等，这些法律成为家庭住房权益的重要保证。例如，租房保障方面，主要通过《租房法》等法律法规对住房租赁中出租人与承租人的权利与义务进行详尽的规定，一旦签订租房合约即视为无限期合约，出租者不得随意解除租房合同，须在法定条件下提出合理退租理由，方可解除住房租赁合同。由于租客权益受到较好的保护，德国自有住房率很低。

在用地保障方面，德国政府要求 TAH 选址须靠近既有住区、产业园区，一般选取近郊土地或旧城区、旧厂区。土地配额可由市政府调配，或与商业地产混配，也可通过土地置换、废弃土地再利用等方式获得。建设主体方面，德国政府不直接建设 TAH，而是划出特定区域，由社会投资人开发建设人才住房，并收取低于市价的租金，租金与市价差额由政府补贴给投资人。建设资金方面，鼓励企业参与 TAH，给予非营利性企业建筑预算 60%～90% 的无息贷款，偿还期为 25 年以上。市场房企参与 TAH 建设或经营，新落成的住房必须用于 TAH，或低价出租给引进人才，才能获得土地、信贷及政府补贴。

在租房保障方面，德国 TAH 出租房源中，81% 为私有房屋，16% 为公司或组织建房，由政府出租的住房仅占 3%，因此，为保证出租房源的有效供给，政府采取了以下措施。一是房源强制供给。德国国家法律规定住房合作社建造的住房必须用于出租，不能出售。部分地方政府规定，房地产企业在建造住房过程中，必须预留一定比例的住房，定向售予或租予青年人才等群体。二是严控 TAH 租赁价格。由政府、业主、公益组织、中介机构等协商确定"房租合理价格表",若 TAH 租金超过"合理价格"的10%,业主就构成违约,超过 20%,业主就涉嫌违法。同时,业主不得随意涨租,两年内涨幅不得超过 5% ~ 10%;3 年之内涨幅不得超过 15% ~ 20%。三是多途径租金补贴。根据青年类型、等级、薪金及其家庭情况,确定租房者可享受租房补贴的基准价,基准价与实际租金的差额由联邦政府、地方政府及用人单位按比例负担。另外,德国各地政府明令禁止"二房东"现象,防止 TAH 租赁非法投机。若租房者无法支付房租,业主不能强制驱逐,须先告知用人单位。同时,德国定期开展租房"可居性""安全性"评价,确保居住安全与健康标准。

在购房保障方面,德国鼓励享受 TAH 的个人及家庭尽快购房,将租房资源过渡给更需要的人。一是市价购房贷款调控。TAH 租户的购房首付可为 20% ~ 30%,并享受利率优惠,购买一套普通房屋后的贷款月供与物业费用之和比相同标准房屋的租金更为便宜,因而享受 TAH 的家庭往往 2 ~ 3 年后便有购房计划。二是购房资助保障。享受 TAH 者购房时,可按比例或全额获得人才购房补贴,有子女的人才家庭还可获得儿童购房补贴。此外,部分企业还为聘用人才提供企业补贴或优惠购房贷款。三是卖房返还补贴。享受 TAH 者出售已购房产时,交易合约有严苛要求,并须将人才购房补贴返还政府或企业。

2.4.6 新加坡

新加坡的住房保障模式被看作是实现人人安居,特别是解决青年住房问题的成功典范。早在 20 世纪 60 年代,新加坡政府就成立了建屋发展局(The Housing and Development Board,HDB),负责公共住宅发展的所有工作,包括拿地、住宅规划设计、住宅分配和维护等。HDB 制定了详细的公共住宅建设计划,主要建设供青年等中低收入群体的出租房。1960 ~ 1965年,HDB 建设了 55 000 套公共住房,解决了全国 23% 人口的住房问题。但这一时期的公共住房品质很差,大部分只有一个房间,卧室和客厅合用,且因受到土地资源限制,公共住房都为高层、高密度住宅。新加坡政府一开始就非常重视居民拥有住房产权问题，1964 年，政府制定住房拥有计划（the homeownership scheme），帮助居民购买公共住房，使青年等低收入阶层能够以政府补贴的低价格购买住宅产权。1968 年政府又出台公积金制度，允许居民使用中央公积金支付首付款。新加坡公积金制度实行会员制，所有新加坡公民和永久居民无论是否雇员都必须按雇员月薪的一定比例缴交强制性的公积金，并按月存入雇员户下。缴交的公积金款项被分别存入普通户头、保健储蓄户头和特别户头，分别用以支付购房、医疗、子女教育费、本人退休后的养老金和应急。新加坡的公积金制度主要有以下运作特点。一是强制性。公积金来源是职工工资收入的一部分，是职工在政府政策的规定下强制个人统一储蓄。二是动态管理。公积金由所有从业者和雇主共同缴纳。最开始公积金数额为月工资的 10%，由从业者和雇主各支付 5%。随着经济的高速发展，公积金缴存比率先后增至 16%、20% 和 30%。20 世纪 80 年代，新加坡的经济达到了顶峰，其住房公积金缴存比率也是达到了 50%。之后，新加坡遭遇了经济衰退，缴存比率也随之降为 24%。新加坡的公积金缴存通过不断的调控使得缴存的比率始终与个人经济的承受范围相符合。这使它不成为一项负担而成为一项便利。三是收益性。新加坡的公积金可用来作为投资之用，也能在一定条件下提取，而且按照法律规定公积金存款的利率不得低于 2.5%，其中特别户头存款的利率可比普通户头高出 1.25 个百分点，而且这部分利息收入免交所得税。通过这些措施，新加坡帮助了近 90% 的青年拥有了公共住房的产权，不仅可以解决住房问题，还能加强青年群体的国家主人翁地位，有利于社会的稳定。

自 20 世纪 80 年代起，新加坡富裕家庭不断增多，对住宅的质量和种类有了更高的要求。鉴于此，新加坡政府将公共住房的覆盖范围从 90% 的人口缩减到 75%，并增加私人住宅的供地量。同时，新加坡住房市场出现了一个新问题，即 "夹心层" 的住房问题。这部分青年群体既不满足入住公共住房的标准，又无力购买昂贵的私人住宅。1995 年，为解决 "夹心层" 住房问题，新加坡政府制定了执行共管公寓计划（the executive condominium），这种公寓由私人开发商建设和销售，设计、设施和家具与私人住宅相当。与私人住宅的区别在于，执行共管公寓的购买者需要满足一定的标准，而且 5 年之内不能出售。随着新加坡经济的不断发展，居民收入不断提高，对居住环境有了改善的要求，公共住房的交易市场随之产生。从 1971 年开始，政府允许居住满 3 年的公共住房以市场价格卖给有资格购买公共住房的居民。从 20 世纪 90 年代开始，公共住房上市交易的规则进一步放松。曾被排除在公共住房市场之外的私人住宅拥有者也可以购买二手的公共住房，在公共住房居住满 5 年的青年市民可以使用他们多余的中央公积金购买私人住宅。通过这些措施，实现了新加坡住宅市场的繁荣，也促进了青年居住水平的改善。

2.4.7 中国香港

中国香港地区的住房保障模式以"公屋制度""居者有其屋计划"为主要手段，旨在解决低收入家庭和"夹心层"的住房问题。尽管在香港的住房政策中，并未专门针对青年群体制定相关政策，但是由于大部分青年都属于"夹心"阶层，对于"夹心"阶层的置业资助计划实际上已将大部分青年纳入了住房保障覆盖范围。

中国香港地区的住房政策伴随着社会经济的发展而逐步完善，青年的住房状况以及对相关政策的需求受到了各类社会团体、科研机构和政府部门的广泛关注。香港特别行政区政府房屋委员会（以下简称房委会）负责公共住房的发展和管理工作，包括公共住房的建设和分配、物业管理等。早在 1954 年，港英政府就开始推出"公屋计划"，为低收入家庭提供租金低廉的住房。1964 年，香港地区实施了"临时房屋区计划"来解决青年拥有社会资源较少，既不符合入住公屋、购买居屋的条件，又无力购买私人楼宇的住房问题。截至 1997 年，香港共建设了约 17 万个公屋单位，解决了近 50% 的青年群体的住房问题。然而，由于公屋供应不足，许多青年仍无法获得公屋。为了解决这一问题，香港又推出了"居者有其屋计划"，并且在 1998～2002 年实施了"首次置业贷款计划"，协助符合资格的市民完成置业心愿。该计划为合格家庭及单身人士分别提供高达 60 万元、30 万元的置业低息贷款，共有 23 735 个家庭及 9 720 名单身人士受惠，其中有不少青年也因此受益而购房。截至 2023 年，香港共建设了约 21 万个居屋单位，让近70%的申请者实现了住房梦想①。同时，中国香港特区政府严格控制房地产市场的投机行为，如限制外地人购房、实施双倍印花税等，以稳定房价，保障青年人住房权益。

然而，由于土地资源有限，近年来香港房屋市场整体供应短缺，青年住房问题依然严峻。香港房委会统计数据显示②，1997～2002年，香港平均每年建设公屋28 297间、居屋18 801间。然而，从2009年开始，公屋兴建数量已回落至每年15 000间，居屋则无限期停建，新建私有住房的数量也下降到数十年来的最低水平。为发挥市场的作用，中国香港特区政府于2011年调整了住房保障方面的施政方针，尽量减少干预私人物业及市场，确保土地供应充足和提供配套优良的基建设施，政府的房屋资助政策则着重帮助没有能力租住私人楼宇的低收入家庭，以此维持公平和稳定的环境，促进物业市场持续健康发展。调整后的住房新政对青年住房问题给予了特别关注，并推出了一项针对"夹心阶层"的置业计划——"置安心资助房屋计划"。该计划由政府与香港房屋协会共同实施，政府提供土地给房协兴建中小型房屋单位，共计约5 000个，以市值租金租赁给符合条件的青年，租约期最长为五年，期间租金保持稳定。参与计划的青年可在指定时限内，以市价购买所承租的单位或计划下的其他单位，也可选择购买私人市场上的单位，并可获得等同于租住期间所缴纳的一半净租金的补贴，作为首付款的一部分。该计划有以下三方面的优势。首先，"夹心阶层"在置业选择上具有较高灵活性，不仅可以购买所承租的单位，还可购买计划下其他单位或私人市场上的单位。其次，青年在何时置业方面具有较大灵活性，最长五年的租金固定期为其提供了充分的考虑时间。最后，由于该计划无转售限制及补价要求，使得物业市场流通更具灵活性。

2.4.8　中国台湾

长期以来，中国台湾将房地产业视为支柱产业，通过差异化的补贴与税

①　刘祖云. 穗港住房保障研究 [M]. 北京：中国社会科学出版社，2013 (4).
②　陈诗雨. 香港的住房保障制度及其启示 [J]. 中国财政，21 (2015)：3-4.

制推动住宅产业高端化。青年群体由于职场劣势而沦为潜在的都市贫困人口，生活与住房负担沉重。为缓解青年住房困境，自 20 世纪 80 年代开始，中国台湾地区开始大规模建设公共住宅，重点关注青年和低收入家庭的住房需求。台湾地区的公共住宅分为两种类型：一种是台湾当局直接建设的公共租赁住房，另一种是通过民间开发商建设的"社会住宅"。公共租赁住房主要面向低收入家庭，租金低于市场价格。社会住宅则面向弱势群体、青年、劳工等需要住房保障的人群，以优惠价格出售或出租。为了进一步解决青年住房问题，2012 年 6 月，中国台湾推出了"青年安心成家方案"。这项政策旨在通过提供房贷优惠，让更多的青年能够实现购房梦想。根据这项政策，符合条件的青年最高可获得房贷八成的优惠，贷款金额最高可达新台币 800 万元，贷款年限最长为 30 年。这一举措大大减轻了青年的购房压力，使他们能够安心成家立业。同期，中国台湾又实施了"社会住宅短期推动方案"。在这个方案中，台湾当局选定了台北市松山宝清段、万华青年段，以及新北市中和秀峰段、三重大同南段、大安段等 5 处地点，通过地区提供土地、地方政府兴办的方式兴建社会住宅。这些社会住宅优先满足青年人的住房需求，为他们提供舒适的居住环境。2017 年，中国台湾又进一步推出了"青年创新计划"。在这个计划中，公共住宅中 10% 的比例将专门用于满足年轻人的租住需求，该政策能够帮助年轻人更顺利地找到适合的租住房源，缓解租房市场的紧张状况。除此之外，为安定社会，稳定市场，优先照顾青年等的弱势群体，中国台湾对住宅总体政策进行了规划，出台了住宅的有关规定。并且，对房地产市场采取了一系列调控措施，包括制定住房信贷调控政策，推出选择性信用管制政策，增加土地抵押贷款条件限制，以及上调存贷款基准利率以增加购房成本等。此外，还完善了房地产税收调控政策和新住宅政策，以规范社会住宅建设与出租，增加保障性住宅供给。总之，从施政效果上看，首先，通过提供房贷优惠和建设社会住宅，台湾地区青年的住房问题得到了一定的缓解，使其能够有更多的机会实现购房梦想，提高了青年的幸福感。其次，通过房地产调控政策，如信贷调控、税收调控，限制了投资性购房行为，降低了房地产市场的投资热度。最后，通过征收房产税，在一定程度上调节了房地产市场的供需关系，遏制房价过快上涨，让青年能够更加从容地面对购房压力，减轻他们的生活负担。

第 3 章

我国青年住房理念与居住模式演变

3.1 我国住房保障体系演进

住房保障体系的发展与国家政治经济体制、社会形态和城市发展阶段有着密切联系。中华人民共和国成立以来，我国经历了政治体制转轨、社会结构转变与经济发展方式转型，住房保障体系和治理体制也不断调整和优化（李国庆和钟庭军，2022），迄今经历了四个阶段，见表 3 – 1。20 世纪 90 年代住房制度改革前，我国长期实行居民住房集中福利供给制，导致资源供给效率低下，住房质量水平低下。1994 年，国家开始住房制度改革的探索，在推行商品住房的同时，试点安居房、经济适用房制度。1998 年全面停止实物分房，而后开展以市场化为方向的住房制度改革，激活了房地产市场，但也带来供应结构不合理、房价快速上涨等问题。2007 年以来，国家为保障中低收入群体住房权益，加大保障房建设力度，实施棚户区、旧住宅区改造，健全城镇住房保障体系。2016 年以来，随着城镇化建设不断深入，国家开始实施更加精准的分层分类住房保障，尽最大努力帮助新市民、青年群体等缓解住房困难，不断完善住房保障体系。

一是福利供给时期（1949～1993 年）。新中国成立后，我国奉行"建设先进工业国，先生产，后生活"的政策，财政向工业领域倾斜，住房领域实行"低租金＋福利分房"制度，依托"公房＋单位"供应模式推行泛福利保障，构成了我国最初的住房保障雏形。但是，这种福利分配制度带来了一系列问题，比如住房建设容易出现施工缓慢、面积受限、容积率高和配套设施不足等众多问题，在管理上也出现了严重的住房分配不公现象，而且导致居民产生了"等靠要"的住房观念，这种观念对后来的住房制度改革产生了深远影响。

表 3 - 1   我国住房保障体系演进过程

时间	时期	政策措施	主要保障形式
1949～1993 年	福利供给时期	实行"低租金＋福利分房"制度，依托"公房＋单位"模式推行泛福利保障。1978 年开始探索住房商品化改革	福利分房、公房
1994～2006 年	扩张安置时期	停止实物分房，确立以经济适用房为主的住房供应体系，建立廉租住房制度。1998 年起实行住房商品化制度，减少保障房供应，房地产投资过热	经济适用房、廉租房、安置房
2007～2015 年	大众保障时期	提出"住有所居"目标，加大保障房建设力度，停止供应经适房，完善廉租房管理办法，加强公共租赁住房建设，实施棚户区、旧住宅区改造	公租房、廉租房、棚改房、房屋租赁补贴
2016 年至今	多元保障时期	创新住房保障方式，推广共有产权房，加大保障性租赁住房建设，推进住房租赁市场发展，发展人才安居住房等特殊保障形式。激活闲置房源，提高居住品质	公租房、共有产权房、长租公寓、人才房、蓝领公寓等

资料来源：作者整理。

二是扩张安置时期（1994～2006 年）。1994 年，国务院颁布《关于深化城镇住房制度改革的决定》，提出建立以中低收入家庭为对象的保障性住房供应体系，全面建立住房公积金制度。1995 年，国家启动安居工程，标志着全面住房保障政策的正式实施。在这一时期，城市有序向外扩张，内部空间不断重组与解构，以单位大院为主的空间结构被替换成了按不同用途的功能区划分的空间结构，政府与开发商修建的定向安置房也在这种背景下应运而生。1998 年，国家停止实物分房，确立以经济适用房为主的多层次住房供应体系，同时建立廉租住房制度。2003 年，国务院发布《关于促进房地产市场持续健康发展的通知》，提出低收入家庭以发放租赁补贴为主，实物配租和租金核减为辅的住房保障原则，调整住房供应结构，建立以普通商品房为主的住房供应体系，减少保障性住房供应。

三是大众保障时期（2007～2015年）。随着经济的快速发展和城市化的持续推动，大量人口涌向城市并在城市定居。同时，住房商品化与土地财政使得房地产市场出现了过度市场化的现象，城市房价迅速攀升。中低收入群体，尤其是以大学毕业生为代表的青年群体难以获得体面的住房保障，"蚁族""蜗居"现象一度成为热点话题，刺痛社会的神经。党和政府高度重视住房问题，2007年10月，党的十七大提出"住有所居"目标，住房保障重新得到重视。随即掀起了大规模的保障性住房建设，各种配套制度、建设标准、治理体制以及管理办法也逐渐成型。但是，在其不断完善与优化的过程中，保障房住区也暴露出集中式、边缘化的建设倾向，对社会与城市空间的合理分布造成不利影响。

四是多元保障时期（2016年至今）。党的十八大以来，我国的经济社会发展从高速增长模式转变成高质量发展模式，城市发展也迈入新阶段。为了满足不同社会群体的住房需求，党的二十大报告明确提出，要始终坚持房子是用来住的不是用来炒的定位，完善市场加保障的住房供应体系。政府保障基本住房需求，市场满足多层次、多样化的住房需求，建立租购并举的住房制度。在这样的背景下，国家积极创新住房保障方式，积极推广共有产权住房制度，加大保障性租赁住房建设，大力推进住房租赁市场发展，并且推出人才安居住房、人才购房补贴等特殊保障形式，激活闲置房源，盘活存量住房，改善居住环境，提高住房品质。2021年政府工作报告提出，要尽最大努力帮助新市民、青年人等缓解住房困难。之后，各个城市加大了对青年群体住房的关注，除了大力发展青年保障性租赁住房以外，还采取"货币补贴＋实物配置"并行的安居方式和"分层分类管理"的资源配置形式，如推出青年人才公寓、蓝领公寓、青年人才购房补贴、优化公租房管理、提升人才住房宜居品质等一系列措施，为青年人才提供多元化住房保障。

3.2　青年住房观念与消费模式变迁

住房观念（consumption concept）是人们对其可支配收入的指导思想和

态度以及对住房价值追求的取向，是居民在进行或准备进行住房消费活动时对消费对象、消费方式、消费过程、消费趋势的总体认识评价与价值判断，是直接支配和调节住房消费行为的关键意识（Crews，2002）。住房观念的形成和变革是与一定社会生产力的发展水平及经济、文化的发展水平相适应的，它的形成既是民族文化长期积淀的结果，又是社会现实的直接反映，且会跟随时代发展的变化而变化。住房消费模式则是指人们在一定时期内居住生活的行为方式（严丽红，2013），受到个人自身的价值尺度、经济能力、生活习惯等因素的制约或者影响。

改革开放以来，我国商品经济得到快速发展，各地也陆续开展了大规模的城市建设，居民住宅制度和住房需求也随之发生转变。1986年开始，国家开展了城市住宅小区建设试点。1993年，《城市居住区规划设计规范》第一版正式实施，从法律的角度规范了居住区的建设标准，确保了建设质量。这一时期的住房设计更注重住宅的实用功能，相较于之前的传统住宅，住房的走道、住宅平面和厨卫规划皆有革新（赵敏，2018）。1998年以后，随着商品房政策的全面实行和住房产权的私有化，居民对住房有了更多的要求，倾向于选择功能更加齐全的户型结构、更加宜人的居住环境以及舒适便捷的社区服务与管理。住宅设计也由原来的供给驱动转向了需求驱动，为了适应城镇居民特别是新一代青年市民的住房需求，住房建筑类型呈现多样化、标准化和实用性等特点，出现了低层、多层、小高层以及高层等居住类型（陈清等，2014）。同时，这一时期西方发达国家的生活理念与消费观念先后传入国内，我国居民特别是青年市民的住房理念与消费模式发生了巨大的变化，先后经历了以下三个阶段，见表3-2。

表3-2　　　　　　我国居民住房理念与消费模式转变

时间	社会背景	住房观念
1978年至20世纪90年代	住房资源紧缺，供不应求。受传统计划经济体制影响，实行"低租金＋福利分房"制度	"等靠要"、节俭实用、满足生存、三代同堂
20世纪90年代初至2015年前后	启动住房商品化改革，停止住房实物分配，实行住房分配货币化，激活房地产市场	量入为出、居者有其屋、从众化、超前消费各代分居
2015年至今	明确"房住不炒""租购并举"，加快住房租赁市场建设。住房出现过剩现象	以租代购、开放多元、理性消费、择邻而居、阶梯式消费

第一阶段是从 1978 年至 20 世纪 90 年代。中华人民共和国成立后我国较长时期住房资源比较紧张，供求矛盾十分突出，为保障居民的基本居住权利，在传统计划经济体制影响下，国家长期实行"低租金＋福利分房"制度，绝大多数居民以向政府或企事业单位租赁的形式，居住在公有房屋之中。在这种分配制度之下，城市居民解决住房问题只能"等靠要"。与此同时，由于这一时期居民生活水平整体较低，居民的基本诉求主要还是解决温饱问题，因此，在住房消费上主要还是以节俭实用、满足基本生存为需求方向。另外，由于住房资源紧缺，加上住宅商品性功能的缺失及偏低的职业流动性与低收入长期并存，大多数居民往往一辈子都住在同一套房子里，甚至好几代人住同一套房子的情况也屡见不鲜，居民与住宅之间的使用关系较为固定。因此，在这一时期，青年人群大多与父母同住，"三代同堂"甚至"四代同堂"的传统住宅消费理念十分普遍。

第二阶段是从 20 世纪 90 年代初至 2015 年前后。1998 年，国家启动住房商品化改革，住房分配逐步实行货币化。住宅分配模式的改革使住宅恢复了其作为商品的本质属性，居民对住宅的需求得到空前的解放，加上受中国人传统观念的影响，"居者有其屋""有房才有家""安居乐业""拥有一套自己的住房"的住房理念逐渐深入人心，大量城市居民和年轻市民加入买房大军，区位优渥、功能齐全、生活配套设施完善的公寓备受市场青睐。一开始，由于受到传统消费理念的影响，居民习惯于按照量入为出的原则，主要购买中低端住房，并且采取"全款买房""无债一身轻"的保守性消费模式。而后随着我国房地产金融制度的不断创新和发展，按揭买房成为我国居民住房消费的主要方式。同时，随着居民生活水平的改善以及城市住房供求矛盾的缓和，年轻人渴望拥有独立的生活和私密的空间，"几代同堂"的传统住房理念成为历史，"各代分居"甚至独立居住的生活理念得到越来越多的认同。张翼（2022）通过对第七次全国人口普查数据及第六次普查数据的对比分析发现，我国青年人群的居住模式正在从"三人户"向"二人户""一人户"转型。

第三阶段是 2015 年至今。随着城镇化的快速推进，我国房价过快上涨给社会和消费者均带来了巨大压力，"啃老族""夹心层""蜗居""蛋族"等新名词不断出现。政府意识到单一住房供给方式不能解决大城市住房问题，不能满足市民多样化的住房需求，于是，国家加快了多主体供给、多渠道保障、租购并举的住房制度建设，大力发展住房租赁市场，住房保障体系逐渐完善。同时，国家积极引导青年市民转变住房消费观念，变"住有其屋"为"住有其居"，支持居民租房居住，理性置业，并提倡"先租后买、先小后大"的梯级式消费新理念，满足新市民多层次住房需求。在这样的背景下，2015 年以来，青年群体在住房消费选择中呈现明显的多元化趋势，他们不再执着追求拥有住房产权，以租代购、租购并举、逐步改善的消费理念得到普遍认同。住房内容和形式上也从传统的居家模式逐渐向独立、自由、开放和灵活的居住模式转变，从而也带动了酒店式公寓、青年公寓、共享住宿、未来社区等多种新兴业态的发展。

同时，青年群体与其他群体相比，具有家庭规模小、人口结构简单、经济支付能力较弱等特点（房文博等，2022），在住房消费上倾向于户型小、总价低、交通便利的住房。常丽莎和吴笛（2013）在研究中提到，随着大城市房价的不断攀升，许多年轻人在住房问题上面临巨大的压力。小户型公寓总价低，地段一般较好，若购买小户型，贷款的月还款额甚至比房租还便宜，而且，今后还可以比较容易地出租或转卖从而完成二次置业，适应了大多数青年人才的需求。张乐鑫（2020）通过问卷调查数据分析得出，越来越多的城市租房青年群体认为睡眠和卫浴为住房功能必要选项，其余像厨房、工作学习空间等均属于非必要项。姜畅（2022）认为，随着在新兴行业就业的城市青年群体不断增多，他们的工作节奏更快、工作压力更大，居家的时间越来越少，住宅的作用正在从满足除了上班之外的一切需求逐渐向只满足在家休息这一单一的需求转变。另外，伴随着职业的晋升和财富的积累，青年群体在工作和收入上的差异也使得其住宅消费显示出层次性，住房的空间位置、地段区位、房屋品质、社区文化成为衡量其社会地位高低的表现和象征，越来越多的年轻人开始"择邻而居"（沈君彬，2004）。

3.3 青年居住行为特征分析

进入 21 世纪以来，我国经济高速发展，人民生活水平不断提高，面对不断开放的市场，大量不同信息交融，东西方思想相互碰撞，使得在这种环境下成长起来的青年一代不仅视野、思维、心理得到了极大的扩充和丰富，而且学会了按照自己的价值观、人生观来进行比较、判断和取舍。他们崇尚多元化、个性化的生活，更加关注工作和家庭的平衡。同时，受国内外各种新思潮、新文化的影响，他们的生活与居住行为也在发生着深刻的变化，主要表现在以下几个方面。

（1）工作和生活相互交织。现代社会生活节奏逐渐加快，在工作的内涵和边界上也发生着翻天覆地的变化，工作模式不再是传统单一的朝九晚五模式，转而呈现出多元、自由、弹性等新特征。例如，自媒体博主、文案编辑、经纪人、摄影师、记者、自由设计师等，他们的工作性质决定了他们没有固定工作时间和场所，上下班时间相互渗透、相互交织，工作和个人生活的界限越来越模糊。近年来，有大批青年人才选择了自主创业或自由择业，开起了公司、店铺或个人工作室，这就需要有独立的工作环境，对于他们来说，有时候家并不只是休息睡觉的地方也兼顾工作场所。例如，时下网上购物被越来越多的人所接受，很多年轻人看准了时机开起了网店，因为它不需要租赁店铺，只需有一台电脑、一部电话和网络就可以在家里开店做生意，既节省了大量的成本，工作模式和内容也更加自由、丰富和灵活。

（2）对住宅室内空间有个性化和精神层面的需求。青年群体由于其所处的年龄阶段以及社会化的影响，使得他们对住宅的功能布局和装修设计有着个性化的要求。在给青年群体开发居所时要充分考虑其性格特征、喜好和要求，以量身定做属于他们特有的家居风格。有些青年具有小资情调，在他们心中，住所不仅仅是安身的地方，还是他们放松心情、释放感情的地方。他们对自己的家除了有基本的生活起居要求以外，还有更高层面的精神需求。他们独立意识比较强，青年人普遍在进入大学生活后脱离了原有的家庭生活，或者在工作后开始独立生活，他们表现出较强的独立性，渴望有自由的空间，有属于自己的生活空间，目前市场上出现的单身公寓、酒店式公寓等住宅产品，就是看准青年人特有的居住心理而推出的。

（3）社会交往活动和业余爱好多样化。现代社会竞争加剧，工作节奏加快，人们的生活方式和工作方式都发生了巨大的变化。为了适应社会发展需要，人们一方面积极提高工作效率，同时也更加关注工作与生活的平衡，渴望拥有更多的自由时间，注重提升个人生活品质。这种生活方式对于年轻人来说尤为重要，在他们的观念中，工作只是生活的一部分，他们需要以这种休闲的姿态显示自己小资的生活方式和白领的身份。青年一代的爱好越来越广泛，旅游、聚会、健身、读书、听音乐、追剧、泡吧成为他们喜爱的活动。他们习惯于主动设计自己的闲暇生活，利用有效时间做自己喜欢的事情。在这样的背景下，社会上出现了形形色色的休闲娱乐新方式，家也成为了青年人放松心情、陶冶情操的重要场所，在家里学习、运动、上网、社交、聚会变得越来越便利，"宅"的时间在逐渐增加，家变得更为舒适。

（4）向往科技化、智能化的生活。随着社会的发展和科技的不断进步，现代社会已经迈入数字科技时代，高科技、人工智能产品不断出新，网络化、智能化设备日益普及，极大地方便了人们的工作和生活。人们可以通过网络终端来实时控制家里的电器、开关、窗帘、门、灯等设备，不用再为烦琐的家务而烦恼，特别对于行动不便的人来说，解决了很多实际的问题。青年一代追求更加便捷的生活，希望家变得更加聪明和智能，他们乐于接受数字科技时代的到来，因而也成了第一批应用家用高科技技术的人，享受现代技术带来的舒适和便利。

3.4　青年住房消费行为影响因素

过去几十年，我国住房商品化和市场化改革深刻影响着人们的生活机遇，不同时代的居民有着截然不同的生活经历和住房机会。近年来，青年群体开启住房生涯时面对的是深度市场化的住房系统，房价的持续上涨引发的住房可支付问题加重了他们的购房负担，年轻人的"住房梦"越来越依靠"六个钱包"的支持，因而住房的代际传递逐渐成为社会财富不平等的重要机制。除了"社会出身"（social origin，即原生家庭）之外，社会经济资源和发展机会在不同区域、城市间分配的不均衡对个体生活机遇、资本积累和住房选择也产生了重要影响。"地理出身"（place of origin）可视为一种先赋性因素，其源于地区之间的不均衡发展，并深深嵌于个人社会经济属性之中，影响着个体的住房行为。由此可见，影响青年住房消费行为的因素来自多个方面，主要可以概括为政策制度、经济基础、城市发展水平、社会文化、个体因素五个方面。

3.4.1　政策制度

政策制度对青年住房消费行为产生极大的影响，主要可以分为住房政策和金融政策。住房政策包括住房供给政策、土地供应制度、房地产税收制度，还有住房交易政策、调控政策、住房保障制度等。金融政策可以从贷款利率、贷款规模、贷款方式、首付款比例、还款期限等方面影响住房消费行为。例如，近年来，为加强青年住房援助，引导青年理性消费，一方面，政府积极完善公租房配租制度，提高公租房建设质量，引导青年先租后购。另一方面，针对有购房意愿的青年群体，政府加大了房地产市场的调控力度，稳定了房价增速和购房者的市场预期。同时，出台了一系列针对年轻人的住房政策，如购房优惠、住房补贴、公租房免审、租金减免、降低利率等优惠政策，并在知识密集型商圈修建高品质住房小区，有效缓解了青年的住房焦虑，为青年群体住房消费提供了托底保障。

3.4.2　经济基础

影响青年住房消费行为的经济因素主要反应在个体经济支持方面，这种个体经济支持一部分来自青年依靠自身努力获得事业上的发展进而形成的经济支付能力，另一部分则来自父母或家庭的支持，主要受代际转移支付和婚姻关系的影响。而且，对于年轻一代来说，随着住房市场化的不断深化，代际传承所能提供的资源差异对青年住房行为的影响愈加凸显，家庭出身比自身的社会经济属性更能影响他们的住房状况，从住房改革中受益的父母将自身的住房优势传递给子女，这种机制将加剧年轻一代之间的住房分化。

3.4.3　城市发展水平

城市发展水平越高，市民的收入水平越高，其生活水平越高，对于住房的需求便不再局限于生存上的需求，而是会追求更高层次的投资性需求和享受性需求。已有调查统计显示，我国东部沿海发达城市青年的住房支出明显大于中西部内陆城市，表现出更高的住房消费需求和购买意愿。同时，青年的个体来源地发展水平对其住房行为也有显著影响。个体的来源地可以看作是一种初始资本，在人口迁移的过程中，来自不同区域的人带着不平等的初始资本进入同一个住房市场进行竞争，导致了住房结果的分化。市场化改革以来，我国城市已形成较为稳定的等级体系，不同等级的城市房价差距不断扩大。不同青年的个体来源地发展水平差异显著，地理出身（place of origin）已成为表征个体拥有的经济、社会和政治资本的重要指标，与家庭背景共同决定了个体在城市住房市场中的起跑线。具体而言，个体来源地的行政层级和发展水平越高，其社会经济资源和发展机会越多，个体在流入地住房市场获得住房产权的机会越大。

3.4.4　社会文化

文化是一种传承的力量，影响着城市居民的价值观和审美观，不同的文化背景使得青年对住房消费的态度和方式各不相同。首先，从古至今传承下来的中国文化中的各种传统理念，如"远亲不如近邻"、房子是身份和地位的象征、有房才有家等价值观都深深影响着青年的住房消费行为，这些观念在相当一部分人的头脑中仍根深蒂固。其次，面子意识、群体一致、生存危机和家庭责任对青年住房消费行为也产生重要影响。例如，年轻人往往在选择住房时会受到身边同事、朋友、亲戚态度的影响，存在一定的"趋同"心理。

3.4.5　个体因素

职业、年龄、教育程度、生活方式、工作地点、家庭状态、居住习惯等个体因素都对青年的住房消费行为产生极大的影响。例如，家庭状态对青年住房消费行为的影响不可忽视，单身家庭和已婚家庭，独生子女家庭和非独生子女家庭等在住房消费行为上有着很大差别。与非独生子女家庭相比，独生子女家庭更可能购买住房。结婚和生育是影响青年住房行为的重要生命事件，初婚会显著提高其购买住房的可能性，生育对于青年购买住房也有显著促进作用。受教育程度越高、职业发展越好的青年更倾向于选择自有住房。流动状态会降低青年购买住房的可能性，增加租房居住的概率。父母是否拥有住房产权对子女住房产权的获得有直接影响，男性子女与其父母之间住房产权的代际延续性更强。

3.5　当代青年住房困境现状与原因

3.5.1　经济收入水平低，支付能力弱

青年刚刚进入工作岗位，收入水平不高，财产积累有限，往往难以承受高昂的房价。而且，近年来，我国住房高度市场化导致房价快速上涨，而同时期，居民收入增速远低于房价增速，进一步加剧了青年的住房劣势。2022 年，我国房价收入比达到 12.4，热点地区如上海、北京、广州、深圳的房价收入比分别高达 35.4 倍、27.9 倍、24.5 倍、22.1 倍，远高于国际上 3~6 倍的合理区间。全国各省份 2022 年房价收入比一览见表 3-3。

表 3-3　　　　全国各省份 2022 年房价收入比一览

地区	人均年收入 （元）	家庭年收入 （元）	户均价 （元）	住宅总价 （元）	房价收入比 （%）
上海市	77 992	204 339	66 120	7 234 241	35.40
北京市	78 782	206 409	52 709	5 766 977	27.94
海南省	32 460	85 045	17 433	1 907 319	22.43
西藏自治区	21 278	55 748	8 659	947 402	16.99
天津市	50 908	133 379	17 712	1 937 884	14.53
青海省	24 526	64 258	8 290	907 072	14.12

地区	人均年收入（元）	家庭年收入（元）	户均价（元）	住宅总价（元）	房价收入比（%）
浙江省	64 886	170 001	20 952	2 292 382	13.48
广东省	49 498	129 685	15 194	1 662 373	12.82
陕西省	29 812	78 107	8 914	975 295	12.49
宁夏回族自治区	25 796	67 586	7 450	815 153	12.06
吉林省	26 224	68 707	7 405	810 226	11.79
云南省	25 618	67 119	7 176	785 125	11.70
新疆维吾尔自治区	21 496	56 320	5 792	633 756	11.25
江苏省	52 658	137 964	14 041	1 536 252	11.14
甘肃省	21 344	55 921	5 644	617 531	11.04
河北省	29 996	78 590	7 904	864 770	11.00
湖北省	32 262	84 526	8 458	925 383	10.95
四川省	31 866	83 489	8 177	894 664	10.72
福建省	45 188	118 393	11 397	1 247 000	10.53
江西省	30 124	78 925	7 303	799 049	10.12
山西省	26 790	70 190	6 360	695 845	9.91
辽宁省	36 652	96 028	8 514	931 581	9.70
重庆市	37 846	99 157	8 715	953 554	9.62
河南省	26 644	69 807	6 059	662 945	9.50
安徽省	33 690	88 268	7 628	834 554	9.45
贵州省	24 744	64 829	5 581	610 592	9.42
山东省	38 258	100 236	8 456	925 211	9.23
黑龙江省	25 550	66 941	5 172	565 929	8.45
广西壮族自治区	28 248	74 010	5 674	620 774	8.39
湖南省	32 256	84 511	5 973	653 498	7.73
内蒙古自治区	34 354	90 007	5 956	651 645	7.24
全国	36 926	96 746	9 675	1 058 523	12.4

注：数据来自国家统计局及各省份统计局。家庭年收入和住宅总价根据第七次全国人口普查数据户均人数 2.62 人、人均居住面积 41.76 平方米测算。

本书的另一项调查报告显示，年轻人的购房压力除了来自高昂的首付款以外，还来自沉重的月供。根据欧洲标准，当家庭支付住房相关开支超过家庭可支配收入的 40% 以上时，则被界定为"住房负担过重（overburden）"。本次调查发现，有超过半数的新杭州人的置业月供收入比达到 40% 的国际警戒线，甚至有 8% 的青年每月还贷额占家庭月收入的比例高达 70% 以上，大大超出 30% 的舒适线。为了支付高昂的住房费用，他们精打细算，节衣缩食；为了降低居住成本，他们被迫选择居住在距离工作单位较远的城市郊区和城乡接合部等地，长时间长距离的通勤挤占了个人时间，也使人身心俱疲；有些青年采用合租、群租或与家中长辈同住的形式，但狭小的人均居住空间、不合拍的同租室友、长辈无形中施加的心理压力等种种因素都在削弱青年的归属感和安全感，已婚青年则更要同时面临育儿和赡养老人的多重压力。

一方面，青年的收入水平有限；另一方面，他们的消费理念却普遍较为超前，很多年轻人选择"精致穷"的生活方式，即便收入水平一般，也不愿意为拥有住房产权而降低生活质量。我们在与青年人才的沟通交流中了解到，无论是购买衣服、电子产品、化妆品还是其他生活物品，他们都会倾向于选择有品牌的商品，他们认为这样的商品的质量更有保障，符合大部分人的购买理念，否则就会被人看不起或者边缘化。同时，他们还经常会在周末或者工作之余去大型商场消费，体验一些新产品，或是去参加聚会和度假，还会遇到亲戚朋友结婚等人情支出，上述种种原因导致他们的收入很难有太多剩余，财富积累较为缓慢。因此，即便市场中存在大量的商品房待售，他们也无力购买。

3.5.2　居住质量欠佳，职住不平衡

青年在拥有首套产权住房之前，大多会通过过渡性住房来解决居住问题，但居住体验普遍较差。

一方面，青年群体工作年限短，很多属于当前住房保障体系未覆盖的"夹心层"人群，为节约住房成本，近郊区、城乡接合部及新城区往往成为青年们住所的首选，但是其交通便利程度、周边设施完善程度欠佳，很

多青年会面临远距离、长时间通勤的职住问题，甚至是跨省（市）域上下班的极端通勤问题。以杭州城西科创大走廊为例，这里虽然是人才集聚地，集聚各类人才超50万人，但是动辄几百万元甚至上千万元的房子，让大部分在科创大走廊上班的青年只能去周边区域买房，大多数人都过着"职住分离"的生活。有研究显示，职住不平衡对青年群体的幸福感产生了显著的负面影响，而且，每天大量人口在居住地与工作地之间通勤，加剧了"钟摆式"交通现象，导致交通堵塞、资源浪费，对城市可持续发展也构成了挑战。更为严重的是，我国目前主要城市的通勤问题呈现恶化趋势。按照国际标准，将"60分钟以上通勤比重"视为极端通勤，在全国44个热点城市中，超过1 400万人正承受着极端通勤的困扰，约占总通勤人数的13%。于是，"不是在上班，就是在上班路上"已经成为大都市青年的共同感慨，也难怪有人说，上下班通勤是"迁徙"，是"渡劫"。

另一方面，选择在城市主城区居住的青年又会面临住宅内部功能不全、设施陈旧、建筑年代久远等问题。考虑合租形式的青年还会面临逼仄的居住面积、较差的人居环境、复杂的社会治安等问题。这样的居住环境使得他们的生活空间拥挤、环境嘈杂、舒适度极低。在日常生活中，他们可能需要忍受通风不畅、光线不足等问题，这对他们的身心健康产生了一定程度的影响。根据中国青年报社会调查中心与问卷网关于青年群体租房问题的联合调查，高达82.5%的受访青年在租房过程中遭遇困扰。其中，38.2%表示与其他租户相处不便，37.3%反映卫生间数量不足，36.7%认为公共区域使用界限模糊。一位受访者感慨道："大概住了六七名租户，每天洗漱都要排队，而且是男女混住，有很多不便。"公共区域的卫生状况同样令人担忧，"厕所的垃圾桶常常堆满，有时甚至有人不冲厕所，卫生状况糟糕，体验极差"。另外，城市中的二手房或出租房大多设施陈旧，安全隐患严重。例如，电线老化、消防设施不完善等问题时常出现，一旦发生火灾等意外事故，将直接威胁生命财产安全。

3.5.3　住房租赁市场建设滞后，管理不规范

供给跟不上，居住品质差。长期以来，购房优先的倾向导致我国住房

租赁市场未能得到健全和规范的发展。近年来，随着城镇化加速发展，社会对租房的需求加大，但租赁住房建设用地供给不足。同时，因规划、消防、安全等配套制度建设滞后，商改租、工改租进展缓慢，造成租赁住房建设跟不上需求的变化。同时，从房源结构看，目前浙江租赁房源主要还是以个人提供为主，以房改房、安置房和农民自建房三类为主，还存在违规打隔断的群租房、地下室等非正规住房。房改房年代较久，安置房配套设施不完善，农民自建房建筑质量低，普遍存在失修失养失管问题。另外，大量出租房集中在老旧小区，水、电、煤、管网缺失或老化严重，道路破损、私搭乱建、车辆停放问题突出，安全隐患大，居住环境差。此次调研显示，承租人综合满意度仅 24.4%。

租赁房源结构失衡，青年处于弱势地位。从总体上看，我国租赁住房的多元供给趋势已经初步形成。青年群体，除了面对传统个体房东外，还有长租公寓、政府或企业筹集的公租房、单位宿舍床位以及城中村自建房和集租房等多种租赁选择。其中，长租公寓发展迅速，占比已经超过 20%，公共租赁住房（主要指青年向政府直接申请的公租房，以及单位和政府合作后，青年从工作单位获得的公租房）占比已经接近 15%。尽管如此，青年住房租赁供给结构仍处于失衡状态。调查显示，目前私房出租依然占比超过 50%，加上长租公寓，这意味着有超过 70% 的青年群体还是主要靠市场渠道租到房子。虽然公共力量和社会力量在一定程度上推进了住房租赁市场的多元化供给，但对旧有住房租赁结构影响最大的是发展速度快，且具有机构化、规模化、资本化特点的长租公寓。然而，长租公寓规模大、运行复杂、资金更具风险性，对政府调控与监管提出了更高的要求。同时，面对掌握更多房源、议价能力更强的长租公寓机构，青年群体更容易处于弱势地位，因此，这样的供给结构给解决青年租房问题也带来了新的挑战。对于很多青年来说，选择向机构租赁住房并不是首选，去市场上租房不是他们的意愿，而是没得选的无奈之举。首先是买不起房，起码现在买不起；其次对于公租房，他们没有资格申请，自己的单位也没有相关资源，集租房更是没听说过；还有部分青年"夹心层"现象明显，因此只能把市场渠道作为次优选择。因此，租赁住房被视为在当前阶段，能较快且以较低成本满足大城市青年群体基本住房需求的重要手段，但现实状况距青年理想、稳定、长期的租房目标仍有较大的距离。

政府监管不到位，市场不规范。一是行业准入门槛低。租房企业仅需工商登记，无须向主管部门备案，从业人员无须取得职业资格许可，且存在大量游离于政府监管之外的地下中介和二房东，导致市场主体良莠不齐。二是资金监管不到位。2019 年杭州印发了《住房租赁资金监管办法》，对租赁资金实施专户管理，一定程度上遏制了"租金贷"乱象，但执行中主要针对大企业，存在"抓大放小"现象。三是监管机制不健全。成交信息未联网，日常检查停留在经营资格核验、流动人口登记等方面，未将房源真实性、合同规范性等纳入检查。部分机构借助互联网平台运营，将公司设在居民楼内，监管存在盲区。而且，租房监管涉及多个部门，目前还缺少一套有效的联动机制，难以形成合力。

3.5.4　住房保障体系不够完善，政策不到位

一是保障性住房供给模式单一，市场参与不充分，不能满足青年住房需求。当前，我国保障性住房主要由政府主导建设供给，私营部门、非营利性住房组织、互助性组织、公共机构参与较少，保障性住房产品的供给总量受限。例如，为了解决青年的住房问题，部分地方政府从商品房中抽取部分作为公共住房，满足中低收入群体的住房需求。但是，这种政策性住房的数量往往非常有限，与年轻人和新市民的需要不相匹配，很多青年即便申请到了保障性住房，往往也要面临较长的轮候期，这不能有效解决青年面临的住房问题。

二是保障性住房准入条件较高，未能覆盖全部住房困难的青年群体。大城市的发展前景和就业机会吸引年青一代不断涌入，使得大城市呈现人口增长快、流动青年多的特点，但在当前户籍、就业、社保制度等共同编织的社会经济制度框架下，大城市保障性住房有严格的收入门槛和户籍限制，非户籍青年、单身青年等难以获得基本的住房保障，影响青年的住房信心。

三是虽然国家推出了针对青年的住房保障制度，但是对这些制度的宣传缺乏足够的力度，造成很多青年完全不了解相关政策，甚至对政策执行

的公平性和公正性存在一定的偏见，导致真正前去申请的人数不多。而且，即便申请成功，所申请的保障性住房的位置与其单位之间的距离往往相对较远，且住房品质、配套条件较差，影响生活的舒适性和上下班的便利性，因此，很多青年在综合考虑后依然会选择放弃，导致政策效果不尽如人意。

| 第4章 |

浙江省青年人才住房现状与需求研究

4.1　基本现状

4.1.1　人口数量持续增长，青年人才住房需求大

当前，持续的人口增长特别是青年人口的持续净流入为浙江带来了巨大的活力，也快速形成了城市的新发展红利，促进了全省的产业发展和经济增长。同时，大量的新增人口也带来了巨大的住房需求，推动着房地产市场的持续发展。以省会城市杭州为例，近些年来，杭州市政府接连发布降低定居和落户门槛、增加人才补贴金额等政策措施（见表4-1），使得人口流入进一步加快。以2021年为例，杭州市2022年《政府工作报告》显示，截至2021年末，杭州常住人口数量已达到1 220.4万人，环比增长11.30%；其中，当年新引进35岁以下青年人才数量达48.3万人。

表4-1　　　　　　杭州近年来人才引进落户政策变迁

时间	落户政策变化
2019年5月	全日制大学专科及以上人才在杭工作并缴纳社保的可直接落户
2021年10月	将大学生落户门槛提高到本科毕业，大专生不能直接学历落户，只能通过其他途径，比如积分落户
2022年6月	公布《全日制本科和硕士学历人才落户政策》，明确全日制本科、硕士毕业两年内的可享受"先落户后就业"

时间	落户政策变化
2023 年 5 月	具有全日制普通高校大专、本科及硕士研究生学历者（大专 35 周岁以下，本科 45 周岁以下；硕士 50 周岁以下），在杭落实工作单位并由用人单位正常缴纳社保的可以落户杭州市区。可随迁配偶和未成年子女

青年人才是购房置业的主力军，按照人均 30 平方米住房测算，48.3 万青年人才将产生约 1 500 万平方米的住房需求。杭州市统计局数据显示，2019 年以来，杭州新引进 35 周岁以下青年人才已经接近 190 万人（见表 4 - 2），间接产生的住房需求超过 80 万套（按平均 70 平方米/套估算）。青年人才是创新创业与社会经济建设的重要力量，当前高昂的居住成本以及局促的居住环境成为青年群体在浙江工作和生活的沉重负担与现实障碍，如何更好地满足随着人口数量增长而不断增加的青年人才住房需求，是政府迫切需要解决的现实问题。2019～2023 年杭州市常住人口数量变化情况见图 4 - 1。

表 4 - 2　　　　近年来杭州市新引进 35 周岁以下青年人才数量

年份	2019 年	2020 年	2021 年	2022 年	2023 年
数量（万人）	21.2	43.6	48.3	36.4	39.7

资料来源：根据浙江省统计局历年数据整理。

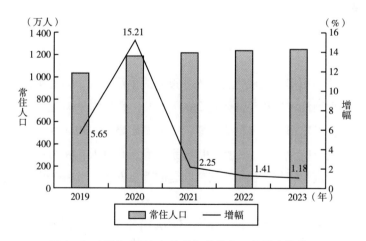

图 4 - 1　2019～2023 年杭州市常住人口数量变化情况

资料来源：根据杭州市统计局历年数据整理。

浙江省其他地市同样存在相似情况，其中热点城市如宁波、温州 2021 年新增青年人才突破 20 万人，绍兴、嘉兴、湖州、金华、台州等地区也均突破 10 万人（见表 4 - 3）。据不完全统计，2021 年全省新增 35 周岁以下青年人才约 163. 2 万人。2019 以来，全省累计新引进青年人才近 500 万人，每年新增的住房需求约 70 万套，加上随着青年人群的成长而带来的改善型需求，浙江青年人才购房置业需求旺盛，市场发展潜力巨大。

表 4 - 3 　　　　　　浙江省各地 2021 年新增青年人口情况

序号	城市	新增 35 周岁以下青年（万人）
1	杭州	48. 3
2	宁波	21. 6
3	温州	22. 4
4	嘉兴	13. 0
5	湖州	10. 6
6	绍兴	14. 2
7	金华	12. 0
8	衢州	4. 5
9	舟山	2. 0
10	台州	10. 2
11	丽水	4. 4
12	总计	163. 2

资料来源：浙江省各地市 2022 年政府工作报告。

另外，当前租房已经成为青年人才重要的生活方式，第七次人口普查数据显示，目前浙江租赁住房群体近 2 000 万人，其中约 70% 是年轻人。部分热点地区青年人才租房需求更为旺盛，本书调研显示，2021 年，杭州、金华义乌、绍兴柯桥的青年人才租房人口分别达到 376 万人、81 万人和 37 万人，租赁住房已经成为青年一代解决居住问题的重要方式，市场规模巨大。

4.1.2　房价租金快速上涨，住房可支付性持续恶化

受 G20 峰会叠加杭州亚运会等诸多因素影响，浙江房价在 2015 ~ 2017

年经历了一轮快速上涨，部分城区甚至出现了翻番现象。之后，政府加强了房地产市场调控，坚持"房子是用来住的、不是用来炒的"定位，陆续出台了限购、限贷、限价、自持、现房销售等政策，房价快速上涨的趋势得到了控制。但是，在大量城市基建投入以及外来人口持续流入等因素的带动下，浙江大部分城市仍然维持了长达 5 年的"慢牛"周期。2021 年以来，部分热点城市商品住宅成交量价齐升。以杭州为例，2021 年杭州商品住宅累计成交 1 977 万平方米，同比增长 46.44%，成交均价 31 370 元/平方米，同比上涨 9.99%。另外，浙江省统计局和中国房价行情网数据显示，截至 2021 年 12 月，杭州二手房样本均价为 39 307 元/平方米，较 2020年同期上涨 8.45%。其他地市房价也出现不同程度的上涨，2021 年全省二手房平均单价平均涨幅超过 15%，其中，温州、湖州、金华、舟山等地涨幅均超过 20%（见表 4-4）。当前房价高是普遍现象，尤其对青年人才具有较大吸引力的一线、新一线城市，房价高居不下，大部分青年人才难以企及，沉重的购房成本给青年人才带来很大压力，也抑制了教育、文化等其他消费。

表 4-4　　　　　　　2021 年浙江省各地区房价与收入情况

城市	二手房单价（元/平方米）	同比涨幅（%）	租金（元/月/平方米）	城镇居民可支配收入（元/月）	房价收入比	租金与销售价格比（%）	典型家庭租金收入比（%）
杭州	39 307	8.45	76.59	6 996	14.05	2.33	32.84
宁波	25 402	12.89	36.79	6 289	10.10	1.41	16.02
温州	23 106	21.85	39.82	6 066	9.52	1.85	19.37
绍兴	15 680	15.21	27.81	6 388	6.14	1.79	12.29
湖州	13 621	23.96	28.89	6 069	5.61	2.56	14.28
嘉兴	17 668	12.11	26.02	5 901	7.49	1.41	13.22
金华	21 099	27.40	30.88	5 944	8.87	1.49	15.58
衢州	16 944	16.05	26.22	5 144	8.23	1.82	15.29
台州	17 085	9.02	30.61	6 328	6.75	2.00	14.51
丽水	20 769	5.66	31.97	5 038	10.31	1.54	19.04
舟山	15 345	22.92	31.46	6 209	6.18	2.50	15.20

注：典型家庭指 3 口之家，夫妇两人工作，租用 60 平方米住房。

资料来源：浙江省统计局、中国房价行情网。

近两年来，在经济下行以及内需不足等多重因素叠加下，虽然房价开始出现下降趋势，但住房可支付性并没有得到改善。2017～2021年，浙江居民人均可支配收入年增速在5%～10%，而同期商品住宅均价年增速达到了3%～35%。从房价收入比看，2021年除了湖州地区以外，浙江其余地市房价收入比均超过6倍，其中，杭州达到14.05倍，宁波达到10.1倍，丽水达到10.31倍，温州、金华、衢州也都超过了8倍。浙江省居民人均可支配收入与商品住宅均价增速比较见图4-2。

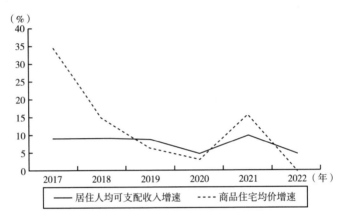

图4-2 浙江省居民人均可支配收入与商品住宅均价增速比较

资料来源：浙江省统计局、中指数据CREIS。

另外，从住房租赁市场看，浙江热点城市受2016年以来城中村大规模拆迁改造影响，房租价格水平整体呈现逐年增长态势，其中，2016年、2017年涨幅较大，租金年增速达到15%左右。2018年以来，随着拆迁规模下降以及政府加大租赁房源供给，租金涨幅有所缓解，但是总体而言，人口持续净流入热点城市，租金价格仍居高不下。2021年，杭州月租金平均单价为76.59元/平方米，同比上涨38.17%，省内其他地市也都有不同程度上涨（见表4-4）。从租房负担水平看，杭州的房租收入比达到32.84%，超过了25%的国际标准线。温州鹿城、宁波鄞州、金华义乌、永康等地区也都达到或接近20%。此次调研问卷统计显示，在租房的青年人才中，有39.4%的受访者表示，租房支出已占据日常消费支出的首位，其中，有15.1%的租房者表示，收入的40%以上要用在租房上，房租负担很重。

4.1.3 住房供应结构与青年人才住房需求不匹配

一是住房产品功能与青年人才需求不匹配。青年人才因为其有限的支付能力，住房需求集中在 90 平方米以下的中小户型，然而目前市场上供给以中大户型为主，不能满足青年人才初次购房的实际需要。本课题组 2021 年对杭州、绍兴、金华等地区的一项调研显示，住房市场上小于两房户型的物业供不应求，青年人才对此类住房的需求占比超过九成，而同期大于三房的物业供应过剩。本书的另一项调研发现，2022 年杭州青年人群中有 52.01% 希望租住独立 1 室房源，21.25% 希望租住 2 室房源，高达 91.25% 希望租房面积小于 70 平方米。然而，目前市场上 1 室或 2 室房源供给占比仅 18.75%，远不能满足市场需求。大部分青年人才租房者只能通过合租方式租住大户型租赁房，容易引发群租和纠纷问题。

二是住房产品区位与青年人才需求不匹配。统计发现，青年人才在选择住房位置时，主要考虑的因素是上下班通勤距离、交通条件以及生活配套，因此，从分布情况看，城市商务区、地铁沿线、学校附近、产业园周边的住房需求较为旺盛，但适合青年居住的房源供应相对不足。中心城区与周边新城区房源需求多，但供应相对较少，远郊供应相对充裕，但有效需求不足。2021 年杭州郊区的住房供应占比达 76.2%，而主城区住房供应仅占全市的 23.8%，青年人群的住房需求呈现明显的区域不均衡特征，而住房供应的区域分布则具有较强刚性，难以迅速调整以适应需求热点的变化。

三是住房产品价格与青年人才需求不匹配。近年来，我国商品房市场快速发展，在满足城市居民基本住房需求方面发挥了重要作用，但是仔细分析发现，商品房市场房屋供给量虽然较多，但大部分是中高价位的高档住宅，购房需要支付的首付款以及月供都比较高，不适合年轻人初次置业。另外，大部分青年人才根据自身经济情况，会先通过租房过渡，但他们的租金承受能力也往往有限。他们的主要需求是城市里的"一张床"或"一间房"，而市场供应的主要是成套住房，户型大、租金高，再加上部分住房品质低、环境差，难以满足群众需要。以杭州为例，杭州青年人才超过七成的住房租赁需求集中在月租金 2 500 元以下的房源，而目前市场上这一价位房源仅占 33.1%。另外，本次调查发现，有超过 50% 的青年群体认为租金负担较重。其中，居住在私人租赁商品房和长租公寓中的青年人才认为租金负担重的比例分别高达 65.5% 和 59.7%。

四是住房保障力度与青年人才实际需求存在缺口。近年来，为推进创新强省建设，浙江陆续制定了一系列住房政策，优先保障人才住房需求。如《浙江省住房和城乡建设厅关于进一步落实高层次人才安居相关政策的通知》《杭州市高层次人才住房保障实施意见》《杭州市区高层次人才租赁住房管理暂行办法》《杭州人才优先购房细则》《宁波市人才安居实施办法》《宁波人才购房补贴政策》《温州市人才住房租售并举实施办法》《金华市人才安居实施办法（试行）》《绍兴市创新人才住房补助暂行办法》等，虽加大了保障力度，也扩大了住房保障的对象和范围，但是，因为政府土地储备规模、资金投入等因素的限制，各地政府优先保障的还是拥有头衔的高层次人才，对于没有头衔的普通青年人才或保障缺位，或保障力度有限，住房保障覆盖面与广大青年人才的实际住房需求存在较大缺口。例如，《杭州市高层次人才分类目录》根据人才类型将保障范围分为五个档次，政府依据不同档次提供不同额度的住房补助，但高层次人才的认定标准十分严格，绝大部分青年人才都未能享受到人才住房保障政策的优惠。一些地市面向青年人才发放购房补贴，例如，宁波对毕业 10 年内的基础人才在宁波范围内首次购买家庭唯一住房的，可享受购房总额 2%、最高 8 万元的购房补贴；对新引进的应届全日制普通高校本科生、硕士研究生，未在宁波购买住房的，市级财政分别给予一次性 1 万元、3 万元生活安居补助。这些政策虽然在一定程度上解决了部分青年人才的住房问题，但与高额的房价相比仍然显得杯水车薪。

4.1.4 住房租赁市场不平衡不充分问题突出

当前，租房已经成为青年人才重要的生活方式，住建部调查显示，现在在大城市有 70% 的新市民和青年人才是靠租房来解决住的问题，普遍面临"既买不起房又租不好房"的现实难题①。为满足社会住房租赁需求，浙江从 2017 年开始大力推进住房租赁市场培育，目前已取得积极成效，但是，市场不平衡不充分现象仍然突出，影响了青年人才的居住体验。

一是租赁房源以散户供应为主。自实行住房制度改革以来，浙江居民家庭住房自有率大幅提升，部分拥有多套住房的家庭将闲置住房对外出租，居民家庭出租住房成为租赁住房的主要来源。自开展住房租赁试点以来，住房租赁企业发展较快，但总体市场占比仍然较低，《中国住房租赁白皮书》数据显示，2020 年，即便是机构占比最高的杭州，也仅为 9.2%，住房租赁市场散户化特征明显。

二是地区间租金水平差异大。住房租赁市场租金水平主要由市场供求关系决定。热点地区人口净流入多，租赁需求较大，租金水平较高。2021 年，杭州、宁波、温州月平均租金水平分别达到 76.59 元/平方米·月、36.79 元/平方米·月、39.82 元/平方米·月。三、四线城市租赁供求关系较为缓和，一些城市甚至供大于求，月平均租金普遍在 30 元/平方米以下，如衢州、嘉兴的平均租金分别为 26.22 元/平方米·月、26.02 元/平方米·月。

三是住房租赁市场不规范。我国住房租赁市场长期处于自然生长状态，存在许多乱象。2019 年，住建部等六部委对全国租赁市场进行了集中整治，取得了一定成效。但从此次调研情况看，浙江住房租赁市场长期存在的失序问题依然存在。首先是部分机构为吸引客户发布虚假房源，线上平台为收取高额平台费在审核环节放水，安居客、58 同城等平台成为"重灾区"。其次是"黑中介""二房东"随意缩短租期，任意涨租金，违规收集、贩卖租客个人信息，虚假承诺，违规收取高额押金（付三押三），恶意克扣租金押金，甚至发生驱赶承租人等违法行为。再次是长租公寓企业"跑路"现象时有发生，2019 年集中整顿以来虽有好转，但"高收低租""长收短付"等高风险模式仍大量存在，近期杭州又发生"友客""巢客"等多家长租公寓跑路。最后是中介机构利用其平台优势加速垄断房源，压制个人出租信息，强制推行房屋托管模式。同时，中介一方面要

---

① 住建部. 下决心、下力气解决好新市民和青年人的住房问题［J］. 新京报，2021 - 08 - 31.

求承租人支付更高的租金，另一方面要求房东降低房屋托管费或恶意拖欠房东租金，违规赚取住房出租差价。

四是纠纷处理渠道不畅，青年市民维权难。浙江消保委数据显示，2021 年共受理房屋租赁投诉 1 049 件①，同比上升 27.93%。一直以来，浙江住房租赁市场缺少有效的纠纷处理和申诉维权机制，既无专门的投诉途径和受理部门，也无具体的管理制度和处理程序。市民遭遇侵权行为，往往只能向公安、市场监管、房管、消费者协会等相关部门反映，或向媒体请求援助，但大部分单位都会因为缺少执法依据和职责权限不清等原因无法及时处理，导致大部分租房侵权纠纷最终都是不了了之，受害群众只能自认倒霉。申诉维权渠道不畅，加剧了市场矛盾与冲突。

4.2　问卷调查与统计

浙江作为东部沿海地区发达省份，近年来，经济发展势头强劲，在科技创新、数字转型、环境保护、社会治理等方面取得了显著进步，尤其是电子商务和创业环境的繁荣，让浙江成为中国的一大经济中心和全国首个共同富裕示范区，成为众多青年人才工作定居的理想地区，人口净流入量大，新引进青年人才数量逐年增长。为厘清浙江青年人才的住房现状、问题与需求，获取翔实数据与实证资料，我们采用问卷调研方式，从 2021 年起先后 3 次组织专题调研，共组织 40 余支调研小组分赴浙江杭州、宁波、温州、金华、绍兴、湖州、台州等地区进行问卷调研。

调研内容主要包括四个方面：第一部分是调研对象的背景资料，涉及性别、年龄、教育程度、户籍信息、婚姻状况、工作状况、收支水平等内容；第二部分是居住现状相关信息，包括居住方式、住房价格、房价收入比、住房面积、通勤时间、租购选择、政府或企业住房保障政策等；第三部分是住房满意度及其影响因素；第四部分是住房消费需求、行为倾向与政策诉求等，见附录 1。

---

① 笔者根据浙江省消费者权益保护委员会官网数据整理。

调查采用线上＋线下相结合的方式进行。其中，为消除样本个体差异，避免问卷调研过程中的理解偏差或疏漏，线下调研采用问卷和半访谈相结合的方式进行。根据前述的研究定义，本次调查以 35 周岁以下拥有普通高校本科及以上学历的在浙发展青年为调研对象。共收到问卷 2 325 份，经过重复性删除、有效性审核，剔除异常数据后之后，共获得有效问卷 2 106 份，有效率达 90.58%。

多元统计分析对于样本容量有基本要求，样本数量过少会导致研究误差，降低样本数据的代表性。戈弗雷（Godfrey）（1994）指出，样本数量应该达到自由参数的 10 倍以上；麦克（Mcquitty）（2004）认为，有效问卷至少应该 5 倍于指标题项。本书正式量表中指标题项为 39 项，有效问卷 2 106 份，有效样本量是指标题项的 54 倍，符合样本容量要求。

4.2.1　样本特征

4.2.1.1　性别结构

从性别角度来看，被调查对象中女性占比为 52.37%，男性占比为 47.63%，表明在浙江发展的青年人才中，女性所占的比重略高于男性（见图 4 - 3）。这一比例与我国总体人口性别比例有所差异，考虑到近年来浙江人口特别是青年人口呈现持续净流入态势，说明外省流入浙江的人群中，女性青年流入要多于男性青年。

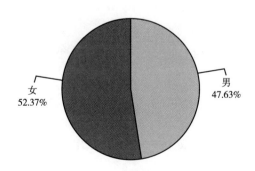

图 4 - 3　样本性别结构

4.2.1.2　年龄特征

从年龄结构看，受调查对象平均年龄为 26.83 岁。在各个年龄段中，24～29 岁占比最大，占总体的 51.33%；18～23 岁次之，占比达 25.97%；30～35 岁占比为 22.70%（见图 4 - 4）。

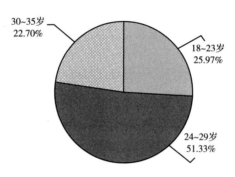

图 4 - 4　样本年龄结构

4.2.1.3　户籍特征

从户籍来源看，被调查对象中浙江人占了 68.9%，外省人中来自安徽、四川、湖北、湖南、江西的较多。另外，来自农村、小城镇等欠发达地区的占比为 52.76%（见图 4 - 5）。

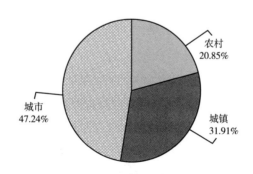

图 4 - 5　样本户籍结构

4.2.1.4　学历层次

从学历层次看，被调研群体受教育程度以大学本科学历为主，占比达

67.85%，拥有硕士学历的占比为 27.92%，博士学历的占比为 4.23%（见图 4 - 6）。

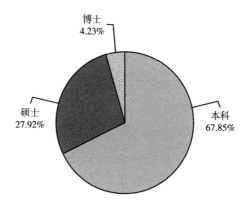

图 4 - 6　样本学历结构

4.2.1.5　婚姻状况

统计发现，受调研青年群体大部分尚未成家，已婚的占比为 19.94%，未婚者占比达到 76.16%，另有 3.89% 为离异。未婚者中有超过六成处于单身状态（见图 4 - 7）。

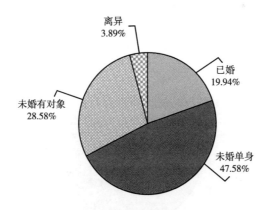

图 4 - 7　样本婚姻状况

4.2.1.6　就业情况

调查表明，浙江青年人才从事商业、金融、销售、咨询等服务类工作的占比最多，达 49.10%；其次是从事互联网、信息技术、电子商务等相关行业，占比为 29.05%；从事工程技术、制造业类的占比为 20.51%；在政府部门、事业单位从事政务管理或市政服务类的占比较少，为 9.88%；另外，还有少部分青年人才选择自主创业，占比约 1.0%（见图 4-8）。

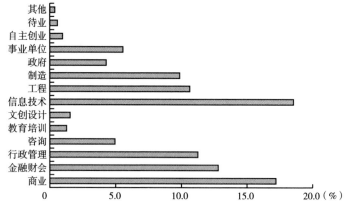

图 4-8　在浙工作行业分布

就工作时间而言，被调查人群在浙工作年限集中在 5 年以内，占到总样本的 65.24%，其中，在浙工作 1 年以内的占比为 14.34%，1~3 年的占比为 13.34%，3~5 年的占比为 37.56%，5 年以上的占比为 34.76%（见图 4-9）。

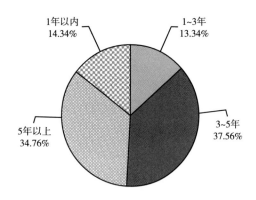

图 4-9　在浙工作时间分布情况

统计结果显示，青年人才的工作地点主要还是集中在城市，约占样本总数的九成。其中，在城市主城区工作的最多，占比达到 51.19%；在城市新城区、开发区或产业园工作的分别占18.42%和20.85%。在县级市或小城镇、乡镇及以下地区工作的分别只占总人数的7.88%和1.66%。以上数据表明，青年人才的就业分布具有极不平衡的特点，城市的虹吸效应极为明显（见图4-10）。

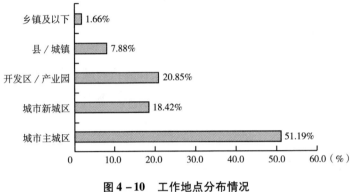

图4-10 工作地点分布情况

4.2.1.7 人均月收入

调查统计显示，与高额的房价相比，青年人才收入水平普遍不高，近半数月均收入在10 000元以下。其中，月收入在5 000～10 000元的人数占比最高为34.24%，10 000～15 000元的占比为25.21%，15 000～20 000元的占比为16.19%，20 000元以上的占比为12.39%，另有11.97%的对象月均收入在5 000元以下（见图4-11）。

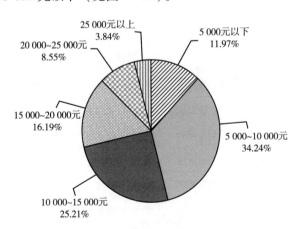

图4-11 个人/家庭人均月收入情况

4.2.2 变量设计与说明

为进一步厘清浙江青年人才住房现状与需求，本节运用相关性分析、差异性分析和回归分析等多种方法对浙江青年人才的住房满意度进行研究，探明其中的主要因素及关键变量，为后面建立一体化住房保障体系提供数据支撑。

本书采用多元回归计量模型进行相关性分析和满意度分析。通过大量经典文献研读，结合专家意见及浙江实际情况，本书将影响青年人才住房满意度的因素归纳为房屋特征、区位特征、居住方式、价格特征、个体特征五类因素，并建立如下变量指标体系，具体变量选择及量化说明见表4-5。指标量化过程中，根据"住房整体满意度"问题的回答结果对青年人才住房满意度进行赋值，"不满意""较不满意""一般""较满意""满意"分别按"1分""2分""3分""4分""5分"进行赋值。对房屋特征和区位特征中的人均住房面积、物业管理服务、居住环境、小区区位、通勤距离和配套设施这六个自变量按1~5进行赋值打分。另外，运用差异性分析考察了居住方式、价格特征、个体特征三类因素中的居住方式、住房成本、性别、年龄、婚姻状况、人均收入对住房满意度的影响。

表4-5 变量选择及量化说明

变量分类	一级指标	二级指标	量化说明
因变量	住房满意度		不满意=1；较不满意=2；一般=3；较满意=4；满意=5
自变量	房屋特征	人均住房面积	小=1；较小=2；一般=3；较大=4；大=5
		物业管理服务	差=1；较差=2；一般=3；较好=4；好=5
		居住环境	差=1；较差=2；一般=3；较好=4；好=5
	区位特征	小区区位	差=1；较差=2；一般=3；较好=4；好=5
		通勤距离	远=1；较远=2；一般=3；较近=4；近=5
		配套设施	差=1；较差=2；一般=3；较好=4；好=5

续表

变量分类	一级指标	二级指标	量化说明
自变量	居住方式		租赁、购买
	价格特征	住房成本	租金、房价
	个体特征	性别	男、女
		年龄	按年龄分段
		婚姻状况	未婚、已婚
		人均月收入	按收入分段

4.2.3　信效度检验

4.2.3.1　信度检验

信度检验是一种用来评估测量工具、测试或评估方法在重复条件下产生一致性结果的方法，其中，内部一致性信度是指通过计算测量工具中各项目的相互关联或一致性来评估测量工具的信度。本章采用的测量工具为问卷，且问卷中题项中包含定距尺度量表，因此，适合使用内部一致性信度检验来对问卷调查结果的质量和可信度进行检验，常用的检验指标为克隆巴赫系数（Cronbach's alpha）。该系数值介于 0 ~ 1，系数值越高表明信度越高。根据娜娜莉（Nunnally，1978）提出的检验标准，如 Cronbach's alpha 系数小于 0.6，则认为量表不满足要求的信度；反之，如果 Cronbach's alpha 系数大于等于 0.6，就可以认为信度通过了检验。其中，如果系数大于 0.7，则认为量表具有良好的信度。

利用统计软件 SPSS 26.0 对各维度变量进行内部一致性检验，由表 4 - 6 可知，浙江青年人才住房满意度、人均住房面积、物业管理服务、居住环境、小区区位、通勤距离和配套设施的信度系数值分别为 0.923、0.941、0.924、0.950、0.932、0.968 和 0.924，均大于 0.7，表明问卷具有较好的内部一致性，数据可信度较高。并且，分析项的 CITC 值均大于 0.4，证明分析项之间相关关系良好，信度水平良好。综上所述，研究数据信度良好，可以用于进一步分析。

表4-6 信度检验结果

变量	删除项后的标度平均值	删除项后的标度方差	修正后的项与总计相关性 CICT	平方多重相关性	删除项后的 Cronbach's alpha 系数
住房满意度	15.9181	9.625	0.924	0.862	0.923
人均住房面积	15.8579	12.247	0.794	0.643	0.941
物业管理服务	16.1112	9.492	0.922	0.872	0.924
居住环境	16.0434	12.686	0.695	0.493	0.950
小区区位	15.9966	11.415	0.852	0.736	0.932
通勤距离	16.1232	12.974	0.834	0.512	0.968
配套设施	16.0014	10.356	0.904	0.843	0.924

4.2.3.2 效度检验

效度检验用于评估测量工具的有效性和准确度，即测量工具是否能够准确反映所要度量的概念或属性。本章采用内容效度和结构效度来检验问卷的有效性。内容效度一般通过专家评估进行，本章在设计问卷时，参考了大量国内外相关文献的研究成果以及成熟的问卷工具。同时，我们咨询了多名本研究领域的专家学者，并邀请其参与预调研，在专家学者的帮助下对问卷的题项、文字表述等进行删改和修正，以确保问卷题项测量的有效性和准确性。

结构效度通常通过与其他已有的测量工具或理论进行相关性比较或因子分析等统计方法来进行。本书运用统计软件 SPSS 26.0 作因子分析并对各变量进行结构效度检验，检验指标为 KMO（Kaiser-Meyer-Olkin）系数和巴特利特球形度（Bartlett's Test of Sphericity）系数。KMO 系数取值范围在 0~1，越接近 1 表明越适合进行因子分析。巴特利特球形度检验可用于检验变量之间的独立程度，显著性系数若小于 0.05，则表明问卷具有良好的结构效度。本章效度检验结果见表 4-7，KMO 值为 0.889，巴特利特球形度检验的显著性数值小于 0.000，表明问卷数据效度良好。

表 4 – 7		KMO 和巴特利球球形度检验结果	
KMO 取样适切性数量			0.889
巴特利特球球形度检验	近似卡方		4 177.592
	自由度		2 100
	显著性		0.000

4.3　现状与问题分析

4.3.1　居住现状分析

本节将从现实与期待、困难与诉求、租与购、内外部条件、住房品质等多个视角，对青年人才居住现状与痛点问题进行分析。研究发现，青年人才在住房消费领域的需求呈现出新的变化，如在居住风格方面，追求个性化、审美化、轻奢化；在居住品质方面，需求从房屋本身向社区配套、邻里关系等外部延展。

4.3.1.1　大城市住房需求问题突出，居住面积呈现"城市越大房子越小"特征

本次调研显示，约四成受访者居住的是自有房屋，占比约为 42.09%。青年人才家庭平均住房面积约为 81.66 平方米，人均居住面积为 27.22 平方米。1978 年，我国城镇人均住房面积仅为 6.70 平方米，按照每户平均 3~4 人计算，家庭住房面积仅约为 20.10~26.80 平方米。此后 40 年，尤其是 1998 年房改以来，我国进入商品房时代，城镇人均住房面积获得了巨大提升。以上数据表明，浙江青年人才住的问题已经得到了明显改善，但与"住得好""住得舒心"的宜居标准相比，仍有不小改善空间。例如，2004 年住建部就公布了我国居民住房的小康标准，城镇人均居住面积要达到 35 平方米，浙江青年人才目前的住房条件距离这一标准尚有一定距离。

同时，调研发现，热点城市青年人才住房仍普遍面临困难。统计数

据显示，浙江新一线城市（杭州、宁波）的青年人才人均住房面积约为24.11平方米；二线城市（温州、嘉兴、绍兴、金华、台州、湖州）的人均住房面积约为27.53平方米；三、四线城市（衢州、丽水、舟山）的人均住房面积约为28.90平方米；县及城镇人均住房面积约为30.27平方米（见图4-12）。总体而言，受制于居住支出压力、城市户型结构特征及职住均衡等因素，浙江青年人才居住面积呈现"城市越大，房子越小"的特征。城市能级越高，居住空间需求更强烈，住房供求问题越为突出。

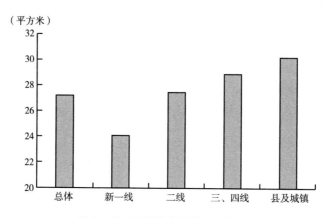

图4-12　不同城市居住面积情况

4.3.1.2　新房更受青年人才青睐，城市能级越高购房年龄越大

调研发现，在已经购房或未来有置业计划的青年人群中，有72.35%的调研对象选择购买新房，说明在同等条件下，新房因其相对更优的房屋品质、更长的产权年限、更具现代风格的装修设计、更先进的社区配套，对青年人群更具吸引力。从初次购房年龄结构看，在已置业群体中，青年人才平均购房年龄为28.2岁，但不同城市略有差异。新一线城市的青年人才购买新房的平均年龄约为29.7岁，二线城市购买新房的平均年龄约为27.6岁，三、四线城市购买新房的平均年龄约为27.1岁，县及城镇购买新房的平均年龄约为26.9岁（见图4-13）。由此可见，在高能级城市，受制于城市高房价及限购政策等影响，青年群体购房置业难度相对较大，需要更长时间财富积累才能实现。

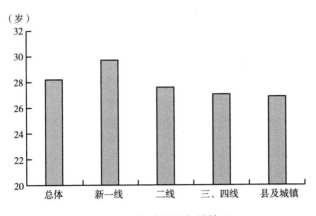

图 4 - 13　初次置业年龄情况

4.3.1.3　住房消费呈阶梯式结构，换房需求受代际、城市等级和收入等因素影响

调查发现，青年人才的住房困境还在于很少能"一步到位"，换房需求普遍存在，在已购房人群中，只有 19.51% 的受访者表示没有换房打算。换房原因主要是为了改善居住环境（51.30%）、子女教育（40.77%）和结婚（6.91%）。

从不同维度进行交叉分析发现，换房需求受代际、城市等级和家庭收入等因素影响存在强弱差异。调查人群中，3 年内存在换房计划的占比为 20.97%，其中 30 ~ 35 岁年龄段的换房需求最为强烈，有 31.80% 的受访者计划在 3 年内换房，而 24 ~ 29 岁年龄段和 18 ~ 23 岁年龄段的这一比例分别为 15.28% 和 10.09%。这一数据说明，随着年龄的增大，相比其他代际，30 ~ 35 岁年龄段的青年群体由于正面临着子女教育、父母养老等因素带来的家庭结构变化和对房屋的多元化需求，产生的换房需求更为强烈。

此外，收入水平对换房需求影响也较大。如图 4 - 14 所示，月收入在 5 000 元以下、5 000 ~ 10 000 元、10 000 ~ 15 000 元的已置业受访者计划未来 3 年内换房的比例分别为 0、1.15% 和 9.80%，而收入在 15 000 ~ 20 000 元、20 000 ~ 25 000 元以及 25 000 元以上的受访者 3 年内计划换房的比例分别为 25.37%、45.45% 和 68.83%。

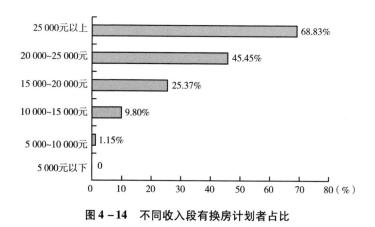

图 4 - 14   不同收入段有换房计划者占比

4.3.1.4   买房仍是主流需求，"租购并举"的认同度稳步提升

买房还是租房，一直是困扰当代年轻人的一个重要问题。如图 4 - 15 所示，在此次调查中，有 71.18% 的受访者不能接受长期租房而不买房，他们认为有房才有家，才有安全感，才能真正被社会所接受，其中，有受访者 14.25% 打算直接买房。有 28.82% 的受访者认为房价太高，买不如租，可以接受长期租房。

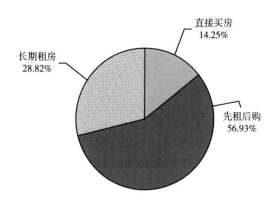

图 4 - 15   不同住房消费方式占比

虽然在青年人才中坚持买房仍是主流，但持"房租不买"态度的年轻人有趋多的势头。本次调查显示，18 ~ 23 岁年龄段中接受长期租房的比例为 35.47%，而 30 ~ 35 岁年龄段中接受"房租不买"的比例仅为 21.34%，

相差 14.13 个百分点。

4.3.1.5　居住内涵要求多元化，软、硬环境提升是关键

新时代下，人们对于居住内涵和边界的理解正在发生深刻变化，尤其是青年一代，他们不只是要解决住的问题，还关心如何提升生活品质。青年人才关注的视野除了住房本身结构、功能和基本居住权益的获得以外，绿化、卫生、公共设施等外部配套，物业服务、社区文化、邻里关系等软性条件同样受到关注。调查发现，在浙江热点城市，八成以上受访者居住地距离市中心或工作单位较远，单程通勤时间超过半小时，占用大量休息时间，而且小区周边配套不完善，极大影响生活品质。配套设施中，除了交通条件、公共生活设施以外，商业综合体、大型超市也是青年人才的"刚需"。虽然近些年快递上门、社区团购等新销售模式发展迅速，但工作之余逛逛商场，享受一下现代消费服务，对于不少年轻人来讲仍是生活中不可缺少的"烟火气"。

除了"有得住"，青年人才更想"住得好"。如图 4-16 所示，对于如何改善房屋性能、提升居住品质，有 30.91% 的受访者最关心卧室，13.72% 的受访者最关注厨房，客厅和阳台也是青年人才关注的重点。下班后能自在地睡一觉，或者下厨做一顿可口的美食，再或者在自家阳台上种种花草、晒晒太阳，隔三岔五约好友来家里小聚，或许是当代都市青年人才对美好生活的直接想象。

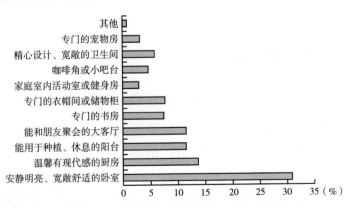

图 4-16　对住房功能品质的要求

能自己设计"理想家",也成为很多年轻人的住房新需求。关于装修,45.11%受访者倾向于按照自己的喜好来自己设计,40.03%的受访者愿意全屋委托。在个性和便利之间,更多的青年人才选择了前者。装修时,智能家居必不可少。各类智能设备中,购买意愿最高的是智能门锁(17.09%)、空气净化器/净水器(16.86%),以及扫地机器人(13.77%)。可见,方便、健康是青年人才购买智能家居设备时最关注的因素。除了以上硬件设施环境,邻里关系这样的软性条件也极大地影响青年人才的居住质量。与"年轻人不爱社交"这样的普遍观念不同,本次调研发现,有59.92%的受访者期待和睦相处、互帮互助的邻里关系,更有15.72%的人希望和邻居往来频繁、亲如一家(见图4-17)。"远亲不如近邻",在当下依然没有过时。

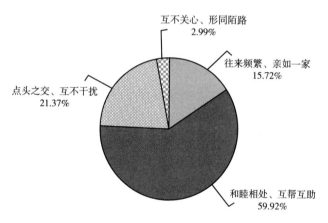

图4-17 对邻里关系的期待

4.3.2 相关性分析

相关性分析是指对两个或多个具备相关性的变量元素进行分析,可以用于评估模型中各变量之间的关联方向和程度,并对各变量之间的假设关系进行验证。对于线性相关一般可以用相关系数 r 来表示两变量之间的相关关系, r 的取值范围在 -1 与 $+1$ 之间,若 $r>0$,意味着两个变量是正相关;若 $r<0$,说明两个变量是负相关。 r 的绝对值越大意味着关联程度越高。值得说明的是,存在相关性不等于存在因果关系。另外,若 $r=0$,表

明两个变量间不是线性相关。r 的计算方法中，Pearson 相关系数是最为常见的一种，主要适用于对定距连续变量的数据进行计算。本章采用李克特（Likert）5 点定距量表，比较适宜采用 Pearson 相关性分析。Pearson 相关系数的计算公式如下：

$$r = \frac{1}{n-1} \sum_{i=1}^{n} \left(\frac{X_i - \overline{X}}{S_X} \right) \left(\frac{Y_i - \overline{Y}}{S_Y} \right)$$

其中，n 为样本量，S_X 和 S_Y 分别是 X 和 Y 的标准差，$\overline{X}$ 和 $\overline{Y}$ 分别代表 X 和 Y 的均值。

浙江青年人才住房满意度与人均住房面积、物业管理服务、居住环境、小区区位、通勤距离和配套设施的相关性系数分别为 0.900、0.668、0.778、0.883、0.841 和 0.682，显著性均小于 0.05，说明青年人才住房满意度与人均住房面积、物业管理服务、居住环境、小区区位、通勤距离和配套设施均为正相关关系。其中，与人均住房面积的相关性最大，与物业服务的相关性最小（见表 4 – 8）。

表 4 – 8　　　　　　　　　　　　相关性系数

变量	住房满意度	人均面积	物业服务	居住环境	小区区位	通勤时间	配套设施
住房满意度	1	0.900 **	0.668 **	0.778 *	0.883 **	0.841 *	0.682 **
人均面积	0.900 **	1	0.679 *	0.783 **	0.825 *	0.632 **	0.731 **
物业服务	0.668 **	0.679 *	1	0.633 **	0.796 **	0.834 **	0.715 *
居住环境	0.778 *	0.783 **	0.633 **	1	0.599 *	0.628 **	0.654 **
小区区位	0.883 **	0.825 *	0.796 **	0.599 *	1	0.853 *	0.601 **
通勤距离	0.841 *	0.632 **	0.834 **	0.628 **	0.853 *	1	0.874 **
配套设施	0.682 **	0.731 **	0.715 *	0.654 **	0.601 **	0.874 **	1

注：* 表示显著性水平 $P < 0.05$，** 表示显著性水平 $P < 0.01$。

4.3.3　差异性分析

为了进一步考察居住方式、住房成本、性别、年龄、婚姻状况、人均月收入等因素对青年人才住房满意度的影响，本节采用单因素方差分析法

（One – Way Analysis of Variance）进行了差异性分析，结果见表 4 – 9。

表 4 – 9　　　　　　　　浙江青年人才住房满意度分布

住房满意度评分	数量	比例（%）
1	20	0.95
2	221	10.49
3	1 123	53.32
4	702	33.33
5	40	1.90
总计	2 106	100

注：全体样本满意度均值为 3.25，标准差为 1.44。

4.3.3.1　居住方式差异检验

方差分析结果显示（见表 4 – 10），显著性水平为 0.046 < 0.05，说明方差检验差异显著。可见，青年人才选择不同的居住方式在住房满意度上存在显著差异。根据表 4 – 11，选择租赁住房的青年人才住房满意度均值为 2.88，低于样本总体值 3.25，选择购买住房的青年人才住房满意度均值为 3.60，高于样本总体均值。以上数据说明，购买住房的青年人才和租赁住房的青年人才相比，其住房满意度水平相对较高，获得住房产权能够提升住房满意度。

表 4 – 10　　　　居住方式方差检验结果（因子变量 = 居住方式）

项目	平方和	自由度	均方	F	显著性
组间	3.252	1	3.252	3.391	0.046
组内	199.472	2 093	0.959		
总计	202.724	2 094			

表 4 – 11　　　　　　居住方式的满意度均值分析结果

居住方式	购买	租赁
数量	1 080	1 026
该组住房满意度均值	3.60	2.88
高于总体均值的比率（%）	59.26	9.89
低于总体均值的比率（%）	40.74	90.20

4.3.3.2　住房成本差异检验

从住房成本单因素方差分析可以发现（见表 4 - 12），由于租金成本对住房满意度的显著性水平为 0.031 < 0.05，方差检验差异显著。而房价对住房满意度的显著性水平为 0.720 > 0.05，方差检验差异不显著。由此可见，租金水平对青年人才住房满意度存在显著影响，不同的租金负担在青年人才住房满意度上存在显著差异，而不同房价在青年人才住房满意度上不存在显著差异。为进一步探究租金水平与住房满意度之间的关系，本书又对租金作了满意度均值分析。由表 4 - 13 可以发现，随着租金成本的提高，青年人才的住房满意度均值随之降低。说明租金成本越低，其住房满意度水平越高。而房价水平对青年人才住房满意度影响不显著可能是由于以下两个原因。一方面，随着房价水平的提高，住房经济负担会随之增加，会降低青年人的住房满意度。但另一方面，房价水平提高，购房者对住房未来的升值预期也会加强；而且现代社会在很多人的观念中，能够承受高房价，往往是个人能力和地位的体现，也会给人带来一种满足感。因此，在上述两方面的叠加影响下，不同房价在青年人才住房满意度上不存在显著差异。

表 4 - 12　　　　　　住房成本方差检验结果（因子变量 = 住房成本）

项目		平方和	自由度	均方	F	显著性
租金	组间	27.295	5	5.459	5.383	0.031
	组内	328.440	1 009	1.014		
	总计	355.735	1 014			
房价	组间	2.604	6	0.434	0.521	0.720
	组内	169.099	1 062	0.833		
	总计	171.703	1 068			

表 4 - 13　　　　　　租金水平的满意度均值分析结果

租金	1 000 元以下	1 000 ~ 2 000 元	2 000 ~ 3 000 元	3 000 ~ 4 000 元	4 000 ~ 5 000 元	5 000 元及以上
数量	22	92	525	266	107	14
该组住房满意度均值	3.80	3.35	3.17	2.80	2.62	2.00

租金	1 000 元 以下	1 000 ~ 2 000 元	2 000 ~ 3 000 元	3 000 ~ 4 000 元	4 000 ~ 5 000 元	5 000 元 及以上
高于总体均值的比率（%）	80.00	45.45	42.59	28.57	10.00	0.00
低于总体均值的比率（%）	2.00	54.55	57.41	71.43	90.00	100.00

4.3.3.3 性别差异检验

由表 4 – 14 可知，性别对住房满意度的显著性水平为 0.266 > 0.05，方差检验差异不显著。由此可见，性别的不同在青年人才住房满意度上不存在显著差异。

表 4 – 14　　　　　　性别方差检验结果（因子变量 = 性别）

项目	平方和	自由度	均方	F	显著性
组间	1.025	1	1.025	1.244	0.266
组内	171.392	2 093	0.824		
总计	172.417	2 094			

4.3.3.4 年龄差异检验

由表 4 – 15 可知，由于年龄对住房满意度的显著性水平为 0.730 > 0.05，方差检验差异不显著，说明年龄的不同在青年人才的住房满意度上不存在显著差异。不过由于本书中青年人才的年龄区间定义为 18 ~ 35 周岁，一旦年龄跨度进一步放宽，不同年龄层次的住房满意度也可能会存在差异。根据阿伦德尔等（Arundel et al.，2017）的研究发现，同等条件下，年龄越大，住房整体满意度越低。

表 4 – 15　　　　　　年龄方差检验结果（因子变量 = 年龄）

项目	平方和	自由度	均方	F	显著性
组间	0.198	2	0.099	0.119	0.730
组内	171.603	2 092	0.829		
总计	171.801	2 094			

4.3.3.5　婚姻状况差异检验

由表 4 – 16 可知，由于婚姻状况对住房满意度的显著性水平为 0.463 > 0.05，方差检验差异不显著。由此说明，婚姻状况的不同在青年人才的住房满意度上不存在显著差异。

表 4 – 16　　　　婚姻状况方差检验结果（因子变量 = 婚姻状况）

项目	平方和	自由度	均方	F	显著性
组间	0.711	1	0.711	0.860	0.463
组内	181.376	2 093	0.872		
总计	182.087	2 094			

4.3.3.6　收入水平差异检验

由表 4 – 17 可知，由于收入水平对住房满意度的显著性水平为 0.028 < 0.05，方差检验差异显著。由此可知，不同收入水平的青年人才在住房满意度上表现出显著差异。由满意度均值分析（见表 4 – 18）可以发现，收入水平越高，青年人才总体上表现出更高的住房满意度。

表 4 – 17　　　　收入水平方差检验结果（因子变量 = 收入水平）

项目	平方和	自由度	均方	F	显著性
组间	26.92	5	5.384	5.242	0.028
组内	209.508	2 089	1.027		
总计	236.428	2 094			

表 4 – 18　　　　　　　　收入水平的满意度均值分析

收入	5 000 元以下	5 000 ~ 10 000 元	10 000 ~ 15 000 元	15 000 ~ 20 000 元	20 000 ~ 25 000 元	25 000 元及以上
数量	252	721	531	341	180	81
该组住房满意度均值	1.58	2.65	3.17	3.27	3.76	3.83
高于总体均值的比率（%）	0.00	68.00	44.68	58.49	38.75	73.17
低于总体均值的比率（%）	100	32.00	55.32	41.51	61.25	26.83

4.3.4 住房满意度回归分析

为提高研究方法的针对性，本章采用有序 Logistic 回归模型进行满意度分析。Logistic 回归分析用于研究 X 对 Y 的影响，并且对 X 的数据类型没有要求，X 可以为定类数据，也可以为定量数据，但要求 Y 必须为定类数据。根据 Y 的选项数以及各个选项之间是否具有对比意义，Logistic 回归又可分为二元 Logistic、多元有序 Logistic 和多元无序 Logistic。本章中，因变量为住房满意度水平，相关选项为"不满意""较不满意""一般""较满意""满意"，采用李克特五点打分法赋值，相互之间具有对比性，因此，因变量为有序分类型变量，适用多元有序 Logistic 回归模型来分析青年人才住房满意度的影响因素及其关系。

本章以房屋特征和区位特征中的人均住房面积、物业管理服务、居住环境、小区区位、通勤距离和配套设施为自变量，以青年人才住房满意度为因变量，提出研究假设 $H_1 \sim H_6$ 并构建如下回归方程。

H_1：人均住房面积对青年人才住房满意度有正向促进作用，人均住房面积越大，住房满意度越高。

H_2：物业管理服务对青年人才住房满意度有正向促进作用，物业管理服务水平越好，住房满意度越高。

H_3：居住环境对青年人才住房满意度有积极影响，居住环境越好，住房满意度越高。

H_4：小区区位对青年人才住房满意度影响显著，小区区位、地段越好，住房满意度越高。

H_5：通勤距离对青年人才住房满意度影响显著，通勤距离越短，住房满意度越高。

H_6：配套设施对青年人才住房满意度影响显著，配套设施越齐全，功能越完善，住房满意度越高。

$$Y = \alpha + \sum \beta_j X_j + \mu$$

其中，Y 表示青年人才的住房满意度；X_j 为解释变量，其中，X_1 为人均住房面积；X_2 为物业管理服务；X_3 为居住环境；X_4 为小区区位；X_5 为通勤距离；X_6 为配套设施；β_j 为回归系数，表示解释变量对因变量的影响程度，采用最小二乘法估计；μ 为随机扰动项。

研究数据来自浙江省青年人才住房现状与需求专题调研（见章节 4.2）。根据上述青年人才住房满意度模型，使用统计软件 SPSS 26.0 进行模型运算，估计结果见表 4 - 19、表 4 - 20。

表 4 - 19　　　　　　　　　　模型拟合度分析结果

R	R^2	调整后 R^2	标准估算的错误	更改统计					
				R^2 变化量	F 变化量	总计	自由度 1	自由度 2	显性 F 变量
0.913	0.833	0.827	0.33926	0.833	256.384	4.793	6	2 088	0.001

表 4 - 20　　　　　　　　　　回归模型似然比检验结果

模型	- 2 倍对数似然值	卡方值	df	显著性
仅截距	204.095			
最终模型	174.858	16.510	6	0.001

注：a. 因变量：青年人才住房满意度；b. 预测变量：人均住房面积、物业管理服务、居住环境、小区区位、通勤距离和配套设施。

由表 4 - 19 可知，模型的复相关系数 R 为 0.913，接近于 1，说明模型中相关变量之间的线性相关程度高度密切；判定系数 R^2 为 0.833，调整后的判定系数 R^2 为 0.827，说明模型拟合程度较好，自变量对因变量的解释能力达到了 82.7%。

根据表 4 - 20，回归方程模型的 - 2 log likelihood 为 174.858，卡方值为 16.510，显著性水平为 0.001 < 0.05，因此，回归方程总体上较为显著，该回归方程模型具有统计意义和解释意义。

多重共线性是在回归分析中常见的一个问题，当存在多重共线性时，回归模型的结果可能变得不稳定或难以解释，并且对于预测也可能产生误导。多重共线性问题通常可以通过计算 VIF 值进行诊断，VIF 越大，表明解释变量之间共线性问题越严重。经验判断方法表明，当 0 < VIF < 10 时，则意味着模型整体不存在多重共线性问题，当 VIF 大于 10 时，则存在较强的共线性问题，模型需要进行调整。而当 5 < VIF < 10 时，则属于弱共线性

问题（Goldberger，1991；王斌会等，2015）。由表 4 - 21 可知，人均住房面积、物业管理服务、居住环境、小区区位、通勤距离和配套设施的 VIF 值分别为 3.123、2.793、2.586、5.908、3.502 和 1.974，说明本模型中各自变量之间总体上不存在高度相关的情况，模型中小区区位的 VIF 值略 >5，说明其存在弱共线性问题。

表 4 -21 住房满意度回归分析结果

模型	未标准化系数		标准化系数	t	显著性	共线性统计	
	B	标准错误	Beta			容差	VIF
（常量）	-0.588	0.186		-3.157	0.002		
人均住房面积	0.067	0.328	0.340	4.872	0.000	0.140	3.123
物业管理服务	0.185	0.071	0.114	2.603	0.246	0.358	2.793
居住环境	0.164	0.079	0.136	2.573	0.009	0.323	2.586
小区区位	0.322	0.071	0.287	4.521	0.000	0.169	5.908
通勤距离	0.306	0.067	-0.323	4.549	0.000	0.286	3.502
配套设施	0.073	0.063	0.043	1.165	0.012	0.507	1.974

注：有效样本总数为 2 106。

人均住房面积的回归系数为 0.340，并且显著性水平为 0.000 < 0.01，说明人均住房面积对青年人才住房满意度具有显著正向影响，住房面积的改善可以有效提升青年人才的住房满意度水平，H_1 通过检验。

物业管理服务的回归系数为 0.114，并且显著性水平为 0.246 > 0.05，说明物业管理服务对青年人才住房满意度没有显著影响，可见在诸多考量因素中，物业管理服务并不是住房满意度的主要决定因素，H_2 未通过检验。这可能是因为，对于青年群体而言，解决基本居住需求，满足工作和生活的基本需要，是他们现阶段的主要诉求，而像物业服务等更高层次的一些品质要求还未纳入他们的住房目标。

居住环境的回归系数为 0.136，并且显著性水平为 0.009 < 0.01，说明居住环境对青年人才住房满意度具有显著正向影响，居住环境的改善可以有效提升青年人才的住房满意度水平，H_3 通过检验。

小区区位的回归系数为 0.287，并且显著性水平为 0.000 < 0.01，说明

小区区位对青年人才住房满意度具有显著正向影响，小区区位条件的优化可以有效提升青年人才的住房满意度，H_4 通过检验。

通勤距离的回归系数为 −0.323，并且显著性水平为 0.000 < 0.01，说明通勤距离对青年人才住房满意度具有显著负向影响，缩短通勤距离可有效促进青年人才住房满意度的提升，H_5 通过检验。

配套设施的回归系数为 0.043，并且显著性水平为 0.012 < 0.05，说明配套设施对青年人才住房满意度具有弱显著正向影响，完善生活配套设施对于提升青年人才住房满意度具有一定促进作用，H_6 通过检验。进一步调研发现，在现代社会，随着互联网经济的日新月异，年轻人更容易接触到各种网络服务，他们的日常生活越来越依赖在线消费方式，住所周边的配套设施对他们的生活影响越来越小，因此，生活配套设施对其住房满意度呈现弱显著影响。

由以上分析，根据各变量回归系数，可以得到如下青年人才住房满意度回归模型。

$$Y = -0.588 + 0.340 \times X_1 + 0.136 \times X_3 + 0.287 \times X_4 -$$
$$0.323 \times X_5 + 0.043 \times X_6 + \mu$$

其中，Y 为青年人才的住房满意度；X_j 为解释变量。其中，X_1 为人均住房面积；X_2 为物业管理服务；X_3 为居住环境；X_4 为小区区位；X_5 为通勤距离；X_6 为配套设施；μ 为随机扰动项。

由回归方程可以发现，当控制其他因素不变时，每提升 1 个单位的人均住房面积，青年人才住房满意度会提升 0.34 个单位；每提升 1 个单位的居住环境水平，青年人才住房满意度会提升 0.136 个单位；每提升 1 个单位的小区区位，青年人才住房满意度会提升 0.287 个单位；通勤距离每增加 1 个单位，青年人才住房满意度会下降 0.323 个单位；配套设施每提升 1 个单位，青年人才住房满意度会提升 0.043 个单位。从回归系数大小看，对住房满意度影响程度较大的因素分别是人均住房面积、通勤距离和小区区位，说明与居住环境、物业服务等软条件相比，青年人才住房满意度主要还是取决于房屋基本条件、职住平衡等硬条件。

4.4 住房现状与需求特征匹配分析

4.4.1 需求特征分析

4.3 节研究发现，青年人才住房满意度与住房面积、居住环境、小区区位、通勤距离、配套设施、住房成本、居住方式、个人收入水平等主客观因素有关，为了进一步探究青年人才的住房需求规律，摸清其对住房规格、性能、品质的具体需求，本节将对房屋特征、区位特征、价格特征等三方面共六类客观性因素进行现状特征分析，为后面建立一体化住房保障体系提供借鉴。六类因素的需求特征描述性统计见表 4-22。

表 4-22　　　　　　　　住房需求描述性统计

特征	需求方向	最小值	最大值	需求均值	偏离值	标准差
住房面积	+	1	5	3.61	+0.61	1.070
居住环境	+	1	5	3.25	+0.25	1.072
小区区位	+	1	5	3.26	+0.26	1.105
通勤距离	+	1	5	3.53	+0.53	0.985
配套设施	+	1	5	3.04	-0.04	1.207
住房成本	−	1	5	2.17	-0.83	0.838

可见，在六类住房特征中，青年人才对于住房面积、通勤距离、住房成本三类特征的要求相对突出，需求均值偏离中间状态值均大于 0.5，其中，住房成本偏离最多，说明青年人才对于住房成本最为敏感，对较高的住房负担反映最为强烈。住房面积与通勤距离的偏离值也较大，反映了青年人才希望拥有更为宽敞舒适的居住空间，同时，居住地点能够兼顾工作和生活的需要，减少上下班交通距离，实现职住平衡。小区区位、居住环境和配套设施的需求均值接近中间状态值，偏离值均小于 0.5，说明对于这三类住房特征，青年人才总体上持"适度""一般""过得去"的需求态度，能够满足基本生活即可，需求程度较为温和，其中，对于配套设施的需求程度最低，这与章节 4.3.4 的结论相一致。

4.4.1.1　区位选择

从图 4 - 18 可以看出，近九成的青年人才希望居住在城市，相比于其他区域，城市政治经济发达、功能设施齐全、资源要素聚集、发展机会众多，对青年人才具有巨大的吸引力。其中，超过七成的受访者希望能够在城市主城区居住，享受更为成熟的市政配套和浓郁的都市文化。有近一成的青年人才选择居住在城郊接合部的产业园或开发区，这里虽然都市形态并不完备，居住环境不够成熟，但通勤距离短，工作便利，住房成本较低，可以最大限度满足职住平衡的需要。另外，整个区域发展速度快，就业机会较多。

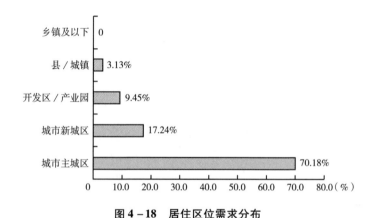

图 4 - 18　居住区位需求分布

4.4.1.2　住房成本

86.74% 的青年人才希望月租金控制在 3 000 元以内。其中，选择月租金在 1 000 ~ 2 000 元的需求占比最高，为 48.05%；其次有 25.05% 的青年人才希望月租金在 2 000 ~ 3 000 元；另有 13.64% 的青年人才希望月租金控制在 1 000 元以内（见图 4 - 19）。

对于购买住房的青年人才而言，92.50% 的青年人才购房预算在 300 万元以内。其中，购房预算在 100 万 ~ 200 万元的需求占比最高，为 45.12%；其次，有 28.45% 的青年人才购房预算在 100 万元以下；另有 18.42% 的青年人才购房预算在 200 万 ~ 300 万元。打算购买 400 万元及以上住房的人数占比微乎其微（见图 4 - 20）。

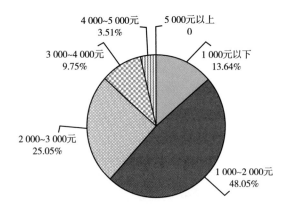

图 4 - 19　租金价位需求分布

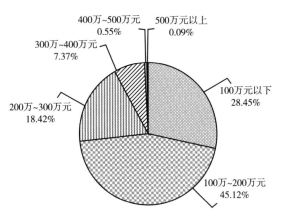

图 4 - 20　购房价位需求分布

4.4.1.3　配套设施

青年人才需求最为强烈的生活配套依次是地铁、公交等交通设施，幼儿园、中小学等教育设施，大型商场、超市、菜市场等商业设施，医院、药店等医疗卫生设施，占比分别为 24.74%、23.36%、20.47%、11.21%。可见，对于青年人才而言，出行便捷、满足子女就学需求、生活消费与商业购物便利、就医问药方便是他们现阶段最为看重的配套因素。除此以外，也有一部分青年人才对于餐厅、酒吧、咖啡厅、小吃店等餐饮设施，体育场、健身房、游泳馆等运动设施，公园、电影院、KTV、游戏中心等休闲设施，图书馆、音乐厅、青年活动中心等文化设施有配套需求，表现出青年人才的多元化生活需要（见图 4 - 21）。

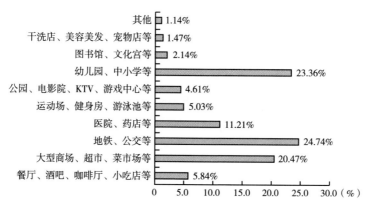

图 4 - 21　配套设施需求分布

4.4.1.4　住房面积

对于租房的青年人才而言，大部分需求集中在人均 20 ~ 40 平方米，其中，30 ~ 40 平方米段需求占比最高，为 33.63%；20 ~ 30 平方米段需求占比为 30.02%。调研发现，有超过两成的青年人才希望租住人均 40 平方米及以上的住房，另外，10 平方米以下的租房面积几乎无人问津（见图 4 - 22）。

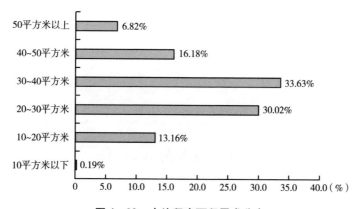

图 4 - 22　人均租房面积需求分布

对于买房的青年人才而言，近六成的需求集中在 70 ~ 100 平方米。该面积段住房空间适中，能够基本满足现代宜居需要，而且总价适度，是青年人才现阶段理想的居住选择。另外，调研发现，随着青年人才生活方式的变化，40 平方米以下的单身公寓也有一定比例的需求（见图 4 –23）。

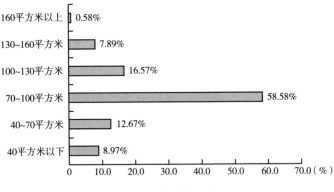

图 4 –23　购房面积需求分布

4.4.1.5　通勤距离

青年人才对于通勤距离的需求较为强烈，超过 95% 希望单程通勤时间控制在 45 分钟以内，其中，有 80.29% 的对象希望控制在 30 分钟以内。另外，调研发现，通勤距离单程超过 1 小时的住房几乎不可接受（见图 4 –24）。

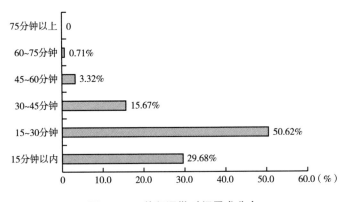

图 4 –24　单程通勤时间需求分布

4.4.1.6　居住环境

青年人才最看重的环境特征分别是社区安全、环境卫生和自然条件，其中 85.94% 要求居住在秩序井然、治安良好的社区；70.89% 渴望社区干净卫生、整齐美观；61.21% 希望所在社区阳光充足、空气清新、噪声低。

也有较多青年人才关注生态景观和人文环境，其中，超过四成希望居住小区绿化优美、景色宜人；超过两成希望居民素质高、文化底蕴深、小区安静祥和。另外，还有部分青年人才比较重视居住区域内的人际关系和形象风格，希望社区和谐、邻里关系融洽，小区布局时尚、现代气息浓郁（见图 4 – 25）。

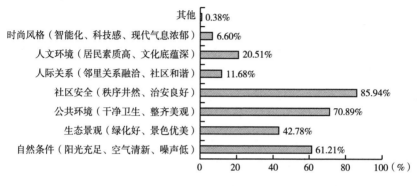

图 4 – 25　居住环境需求分布

4.4.2　居住需求与现状匹配分析

为进一步摸清浙江青年人才住房现实条件与需求的差距和问题所在，本章对人均住房面积、居住环境、小区区位、通勤距离、配套设施和住房成本等特征因素进行匹配分析，各项分析结果详见表 4 – 23 所示。

表 4 – 23　　　　　　　　　　　配对样本检验

特征因素		配对差值			t	自由度	Sig.（双尾）
		均值偏差	标准偏差	标准误差平均值			
配对 1	人均住房面积	– 0.486	1.398	0.096	– 5.035	209	0.003
配对 2	居住环境	– 0.323	1.362	0.088	– 4.611	209	0.022
配对 3	小区区位	– 0.274	1.421	0.098	– 3.302	209	0.015
配对 4	通勤距离	– 0.458	1.464	0.101	– 4.431	209	0.000
配对 5	配套设施	– 0.152	1.639	0.113	– 1.348	209	0.179
配对 6	住房成本	– 0.619	1.272	0.114	– 2.496	209	0.001

六项住房特征中，人均住房面积、居住环境、小区区位、通勤距离和住房成本的配对样本 t 检验显著性水平分别为 0.003、0.022、0.015、0.000 和 0.001，均小于 0.05，说明存在显著性差异，表明在这五个方面现阶段住房条件均未满足青年人才的需求。尤其是人均住房面积、通勤距离和住房成本这三项，显著性水平小于 0.01，差距最为明显。配套设施的配对样本 t 检验显著性水平为 0.179＞0.05，说明在配套设施方面已基本满足青年人才的住房需求。

现状与需求的均值偏差反映了住房现实条件与预期的差距，从该指标来看，人均住房面积、居住环境、小区区位、通勤距离和住房成本的均值偏差分别为 −0.486、−0.323、−0.274、−0.458 和 −0.619。由此可见，青年人才住房现实条件与预期落差从大到小依次为住房成本、人均住房面积、通勤距离、居住环境和小区区位。说明当前要更好地满足青年人才的住房需求，急需从降低住房经济成本、提升房价可负担性，增大房屋空间面积、提高住房舒适性，合理规划职住空间布局、完善交通配套、缩短通勤距离等方面采取措施，此外，还要为他们提供更多区位佳、地段好、交通便利、配套成熟的居住小区，改善区域内的自然、生态、安全、卫生、人文等环境条件，不断提升住宅小区的宜居性，让青年人才住得放心、住得安心、住得舒心。

4.5 本章小结

本章对浙江青年人才居住现状与需求特征进行了详细研究，分析了其中存在的现实差距、问题与原因，现将主要结论总结如下。

（1）近年来，浙江人口数量持续增长，青年人才住房需求大；房价快速上涨，住房可支付性持续恶化；住房供应结构与青年人才住房需求不匹配，住房租赁市场不平衡不充分问题突出，影响青年人才的居住体验和安居信心。

（2）浙江青年人才以大学毕业 5 年内的新市民为主，年龄普遍集中在30 周岁以下，学历主要为大学本科，大部分尚未成家，工作地点集中在城市。浙江青年人才人均居住面积尚未达到国家小康标准，且呈现"城市越大，房子越小"的特征。买房仍是主流需求，租购并举的认同度逐步提升，有七成以上的青年人才坚持买房，近三成接受长期租房。热点城市青年人才初次购房平均年龄接近 30 岁，且城市能级越高购房年龄越大。住房消费呈阶梯式结构，八成以上有换房打算，换房原因主要是为了改善居住环境、子女教育和结婚。年龄越大、收入越高，换房意愿越强烈。居住内涵要求呈现多元化趋势，房屋的结构功能、装修风格、智能家居等内部条件，绿化、公共设施、交通条件、大型商超等外部配套，以及社区文化、物业服务、邻里关系等软性条件同样受到关注。

（3）青年人才住房满意度与房屋特征、区位特征、居住方式、价格特征和青年人才个体特征有关。其中，人均住房面积、居住环境、小区区位、通勤距离显著影响住房满意度，生活配套设施对住房满意度呈现弱显著影响。影响程度较大的因素分别是人均住房面积、通勤距离和小区区位，说明与居住环境、配套设施、物业服务等软条件相比，青年人才住房满意度主要还是取决于房屋基本条件、职住平衡性等硬条件。与租赁住房的青年人才相比，购买住房、获得住房产权的青年人才住房满意度水平相对较高。收入水平越高，租金成本越低，青年人才表现出更高的住房满意度。

（4）青年人才对于住房成本、住房面积、通勤距离三类特征需求较为突出，对小区区位、居住环境和配套设施需求程度较低，其中，对于配套设施的需求程度最低。区位上，近九成青年人才希望居住在城市。价格上，大部分青年人才希望月租金控制在 3 000 元以内，购房预算限定在 300 万元以内。生活配套方面，需求比较集中的是地铁、公交、幼儿园、中小学、大型商场、超市、菜市场、医院、药店等设施。住房面积方面，租房需求集中在人均 20~40 平方米，购房需求集中在 70~100 平方米。通勤距离上，超过 80% 希望单程通勤时间控制在 30 分钟以内。青年人才最看重的环境特征分别是社区安全、环境卫生和自然条件。现阶段青年人才在住房成本、人均住房面积、通勤距离、居住环境和小区区位等方面存在现实条件与预期的落差，其中，住房成本、住房面积、通勤距离这三项存在较大差距。

第 5 章

浙江省青年人才住房消费
行为与策略选择研究

通过前几章的分析，本书已基本厘清浙江青年人才的居住现状与需求，本章将进一步研究青年人才的住房行为机制，并通过实证分析探讨影响住房消费策略选择的因素。

5.1 模型构建

5.1.1 模型选择

计量模型选择的依据是研究目标和研究数据的特征，本章研究的目标是识别影响青年人才住房消费策略选择的因素，回归分析是研究此类问题的有效方法。一般线性回归分析有一些潜在的假设条件，首要的就是因变量与自变量存在线性关系，并且这些变量是定量的。当遇到定性的或离散变量时，如在一些社会科学中，包括社会学、心理学、人口学、政治学、经济学以及公共卫生学等等，大量的观测变量是二分类甚至多分类变量，必然违背了回归分析中假设检验所需满足的前提条件。幸运的是，Logistic回归分析方法的出现使这类变量的分析成为可能。Logistic 回归属于概率型非线性回归，是分析因变量为定性变量的常用统计分析方法。Logistic 回归对数据的正态性、方差齐性以及自变量类型不作要求，并且具有系数的可解释性等优点，因此，其在社会学、经济学等领域都得到了广泛的应用。

Logistic 回归主要有二元 Logistic 回归和多项 Logistic 回归两大类。二元 Logistic 回归适用于二分类因变量的回归分析，多项 Logistic 回归可用于三分类及以上因变量的回归分析。青年人才解决住房问题一般有"租""购"两种基本模式，前述研究发现，随着年龄的增长，青年人才住房消费呈阶梯式结构，一开始租房的年轻人中大部分最终还是会选择买房，故而存在第三种模式，即"先租房后购房"。因此，为更加精准地刻画青年人才的住房行为特点，本章将青年人才住房策略作了细化，定义住房消费策略包括"一直租房""先租房后购房""直接购房"三种情况。因此，从变量类型看，本章的模型因变量属于有限多分类的因变量，适用多项 Logistic 回归模型。同时，因各消费策略之间不存在高低、大小或者前后的顺序性，因此，适合采用无序多分类 Logistic 回归模型来研究本问题。

5.1.2　变量选择与研究假设

本章以消费者行为、住房效用和梯度消费为理论指导，充分考虑研究对象与区域的特殊性，研读参考了大量相关文献，并听取了相关专家的意见，最终确定了六个维度共计 25 个自变量，并在表 5 - 1 中对自变量的定义、赋值量化进行了具体说明。

表 5 - 1　　　　　　　　　　变量定义与量化

变量类型	一级指标	二级指标	描述与量化
因变量	住房策略		一直租房 = 1；先租后购 = 2；直接购房 = 3
自变量	思想观念	消费目的	居住 = 1；保值增值 = 2；落户 = 3
		住房观念	对"住房是安身立命之本"认同程度 1 - 5
	个体特征	性别	男 = 0；女 = 1
		年龄	年龄具体值
		教育程度	本科 = 1；硕士研究生 = 2；硕士研究生以上 = 3
		婚姻状况	未婚 = 0；已婚 = 1
		籍贯	浙江省 = 1；浙江省以外 = 2
	职业情况	就业状态	就业，有正式单位 = 1；自主创业 = 2；自由职业 = 3；待业 = 4

续表

变量类型	一级指标	二级指标	描述与量化
自变量	职业情况	单位性质	党政机关和事业单位 = 1；国企 = 2；合资/外资企业 = 3；民营企业 = 4；个体户/自营 = 5；未就业 = 6
		岗位层次	高层管理人员 = 1；中层管理人员 = 2；基层管理人员 = 3；一线员工 = 4；其他未就业人员 = 5
		工作变动意向	3 年内有 = 1；不一定 = 2；无 = 3
		继续深造意向	3 年内有 = 1；不一定 = 2；无 = 3
	居住状态	居住情况	单位宿舍 = 1；租房 = 2；与父母或亲友同住 = 3；自有住房 = 4
		居住满意度	满意程度 1 – 5
	收支水平	收入水平	指年收入水平，5 万元以下 = 1；5 万 ~ 10 万元 = 2；11 万 ~ 15 万元 = 3；16 万 ~ 20 万元 = 4；20 万 ~ 30 万元 = 5；30 万元以上 = 6
		消费水平	3 000 元以内 = 1；3 000 ~ 5 000 元 = 2；5 000 ~ 8 000 元 = 3；8 000 元以上 = 4
		住房支出	每月住房成本
		消费模式	节俭型消费 = 1；理性消费（收支平衡）= 2；超前消费（透支消费）= 3
		收入预期	3 年内，浮动程度 1 – 5
		父母经济援助	强弱程度 1 – 5
	宏观因素	房价水平	房价高低 1 – 5
		地区满意度	满意程度 1 – 5
		居留意愿	留浙江 = 1；不一定 = 2；不留浙江 = 3
		房价预期	3 年内，浮动程度 1 – 5
		住房政策	很好 = 1；较好 = 2；一般 = 3；较差 = 4；差 = 5；不了解 = 6

在参考大量国内外文献并听取专家意见的基础上，根据住房消费相关理论，结合前述研究发现，本章提出以下研究假设，见表 5 – 2。

表 5 - 2 研究假设

变量类型	变量名称	假设情况
思想观念	住房消费目的	显著
	住房观念	显著
个体特征	性别	显著
	年龄	正向显著
	教育程度	正向显著
	婚姻状况	正向显著
	籍贯	显著
职业情况	就业状态	显著
	单位性质	显著
	岗位层次	正向显著
	工作变动意向	负向显著
	继续深造意向	负向显著
居住状态	居住情况	显著
	居住满意度	正向显著
收支水平	收入水平	正向显著
	消费水平	正向显著
	住房支出	正向显著
	消费模式	正向显著
	收入预期	正向显著
	父母经济援助	正向显著
宏观因素	房价水平	负向显著
	地区满意度	正向显著
	居留意愿	正向显著
	房价预期	显著
	住房政策	正向显著

5.2 数据收集

5.2.1 调查设计

本研究数据主要通过问卷调查获得。题项设计以现有文献和相关成熟量表为依据，问卷内容主要包括六个组成部分，最终形成了《浙江省青年人才居住状况调查》问卷（详见附录2）。

第一部分是思想观念，主要用于分析青年人才的住房观念以及当前的住房消费策略。住房策略有三个选项：一直租房、先租房后购房、直接购房，这也是本章的因变量。

第二部分是个体特征，主要包括受访者的性别、年龄、受教育水平、婚姻状况以及籍贯等基本信息。

第三部分是职业状况，包括就业状态、职业类型、岗位层次、工作变动意向以及继续深造意向等。

第四部分是居住状态，包括现有居住情况和居住满意度。

第五部分是收支水平，主要用于分析受访者的个人经济条件和生活水平。包括年收入、月消费水平、消费类型、月住房支出以及父母经济援助力度等。

第六部分是宏观因素，主要包括对当前房价的感知程度、城市满意度、居留意愿以及未来房价预期，还有对当前住房政策的满意度等。

5.2.2 调查过程

本章以35周岁以下拥有大学本科及以上学历的在浙发展青年为调研对象。为提升调研的效率和准确性，问卷收集采用线上调研与线下调研相结合的方式进行。其中，线上调研主要通过问卷星软件，在微信、微博等平台收集。线下调研主要通过实地走访、面对面访谈等方式收集数据。问卷收集时间为2022年12月至2023年3月，共收集调查问卷465份。经过分析剔除无效问卷 51 份，最终得到有效问卷 414 份，问卷有效率达 89.03%。

5.3　样本描述性统计

5.3.1　人口统计学特征

人口统计学特征变量交叉统计分析见表 5-3。

表 5-3　　　　　　　人口统计学特征变量交叉统计分析　　　　单位：人

变量名称	变量类型	一直租房	先租后购	直接购房	全部样本
性别	男	37（16.59%）	105（47.09%）	81（36.32%）	223（53.86%）
	女	22（11.52%）	116（60.73%）	53（27.75%）	191（46.14%）
年龄	平均	28.7	28.3	32.8	29.0
教育状况	本科	49（15.91%）	157（50.97%）	102（33.12%）	308（74.40%）
	硕士研究生	16（16.16%）	49（49.49%）	34（34.34%）	99（23.91%）
	硕士研究生以上	1（14.29%）	5（71.43%）	1（14.29%）	7（1.69%）
婚姻状况	未婚	41（17.98%）	145（63.60%）	42（18.42%）	228（55.07%）
	已婚	18（10.06%）	76（41.34%）	92（48.60%）	186（44.93%）
籍贯	浙江省内	24（8.30%）	151（52.25%）	114（39.45%）	289（69.81%）
	浙江省以外	35（28%）	70（56%）	20（16%）	125（30.19%）

（1）性别：在 414 份有效问卷中，男性有 223 人，占总样本的 53.86%；女性有 191 人，占总样本的 46.14%。样本中男女比例比较均衡，样本对总体具有代表性。

（2）年龄：由于本章是针对浙江青年人才的专题研究，研究对象的年龄限制在 18～35 周岁。统计发现，样本中各个年龄段数量分布基本维持在 5%～6%，分布比较均衡，且受访者对象中选择"直接购房"的群体年龄大于选择"一直租房""先租后购"的群体，说明样本具有普遍性以及代表性。

（3）教育状况：有效样本中本科学历为 308 人，占比为 74.40%；硕士研究生学历 99 人，占比为 23.91%；另外，研究生以上学历共 7 人，占比为 1.69%；样本学历分布基本符合青年群体中的学历结构。

（4）婚姻状况：在有效样本中，未婚人数比例为 55.07%，已婚人数为 44.93%。由交叉分析可知，已婚的青年人才直接购房的意愿更高。

（5）籍贯：籍贯在浙江省内的样本比例为 69.81%，在浙江省以外的占 30.19%。交叉统计数据显示，来自外省的青年人才选择"一直租房"的比例较高，选择"直接购房"的比例较低。

5.3.2 思想观念

思想观念变量交叉统计分析见表 5 - 4。

表 5 - 4　　　　　　　　思想观念变量交叉统计分析　　　　　单位：人

变量名称	变量类型	租房	先租后购	购房	全部样本
住房消费目的	居住功能	41（14.64%）	150（53.57%）	89（31.79%）	280（67.63%）
	资产保值增值	12（13.48%）	46（51.69%）	31（34.83%）	89（21.50%）
	落户等权益功能	6（13.33%）	25（55.56%）	14（31.11%）	45（10.87%）
对"住房是安身立命之本"认同程度	完全认同	9（10.11%）	36（61.02%）	44（49.44%）	89（21.50%）
	基本认同	22（10.48%）	123（58.57%）	65（30.95%）	210（50.72%）
	说不清	16（17.77%）	51（56.67%）	23（25.56%）	90（21.74%）
	基本不认同	7（38.89%）	9（50.00%）	2（11.11%）	18（4.34%）
	完全不认同	5（71.43%）	2（28.57%）	0（0）	7（1.69%）

（1）住房消费目的：调研发现，大部分青年人才获取住房是为了满足基本居住需求，占总样本的 67.63%；有 89 人认为获取住房是为了实现资产保值增值，占总体样本的 21.5%；还有 45 人更看重住房所带来的权益功能，如学区、落户等，占样本的 10.87%。可见，对青年人才来说，居住功能是大部分人住房消费的首要目的，这与其现阶段所处的社会阶层有一定的关系，随着年龄增长和个人财富积累，住房消费目的会呈现多元化趋势。

（2）对"住房是安身立命之本"认同程度：对于"住房是安身立命之本，是身份和能力的象征"这个观点，有 89 人表示完全认同，210 人表示基本认同，90 人说不清，18 人表示基本不认同，7 人表示完全不认同，认同该观点的占到总体的 72.22%。而且，交叉统计发现，越认同该观点的，越倾向于通过购房来解决住房问题。说明大部分的青年人才都认为住房对于一个人的发展至关重要，是安居乐业的重要保证。

5.3.3 职业状况

职业状况变量交叉统计分析见表 5－5。

表 5－5　　　　　　　　　职业状况变量交叉统计分析　　　　　　单位：人

变量名称	变量类型	租房	先租后购	购房	全部样本
就业状态	就业	38（13.15%）	141（48.79%）	110（38.06%）	289（69.81%）
	自主创业	2（9.52%）	8（38.10%）	11（52.38%）	21（5.07%）
	自由职业	6（33.33%）	8（44.44%）	4（22.22%）	18（4.35%）
	待业	13（15.12%）	64（74.42%）	9（10.47%）	86（20.77%）
单位性质	党政机关	4（8.70%）	20（43.48%）	22（47.83%）	46（14.02%）
	国企	6（12%）	16（32%）	28（56%）	50（15.24%）
	合资/外资企业	5（16.67%）	10（33.33%）	15（50%）	30（9.15%）
	民营企业	24（13.56%）	97（54.80%）	56（31.64%）	177（53.96%）
	个体户/自营	6（24%）	12（48%）	7（28%）	25（7.62%）
岗位层次	高层管理人员	3（11.11%）	7（25.93%）	17（62.96%）	27（8.23%）
	中层管理人员	2（3.45%）	25（43.10%）	31（53.45%）	58（17.68%）
	基层管理人员	14（14.74%）	51（53.68%）	30（31.58%）	95（28.96%）
	一线员工	25（16.89%）	75（50.68%）	48（32.43%）	148（45.12%）
工作变动意向	有	18（17.65%）	54（52.94%）	30（29.41%）	102（24.64%）
	说不清	30（18.18%）	88（53.33%）	47（28.48%）	165（39.86%）
	无	11（7.48%）	79（53.74%）	57（38.78%）	147（35.51%）
继续深造意向	有	18（12.24%）	83（56.46%）	46（31.29%）	147（35.51%）
	不一定	25（17.24%）	71（48.97%）	49（33.79%）	145（35.52%）
	无	16（13.11%）	67（54.92%）	39（31.97%）	122（29.47%）

（1）就业状态：在 414 份有效样本中，除正在求学深造的 59 人和待业的 27 人以外，有 328 份样本处于就业状态，其中有正式单位的 289 人，创业 21 人，自由职业 18 人。交叉统计分析发现，待业情况下选择直接购

房的比例较低，自主创业状态下选择直接购房的比例较高。

（2）单位性质：已就业样本中，有46人在党政机关或事业单位工作，占总体比例14.02%；在国有企业和外资企业工作的分别占15.24%和9.15%；在民营企业工作的占比最高，为53.96%；另有7.62%为自由职业或自营业主；样本的就业分布总体上与当前青年群体的就业结构吻合。

（3）岗位层次：岗位层次中一线员工有148人，占比最大，比例为45.12%；其次是基层管理员工共95人，占比28.96%；中高层管理人员共85人，占比25.91%。统计显示，岗位层次越高，直接购房的意愿越强烈。

（4）工作变动意向：有24.64%的调研对象表示存在工作变动意向，另有35.51%表示没有工作变动意向。交叉统计发现，存在工作变动意向的人更倾向于选择租房。

（5）继续深造意向：有35.51%的调研对象存在继续深造意向，统计发现，有无继续深造意向在青年人才租购选择行为上没有表现出明显差异。

5.3.4　居住状态

居住状态变量交叉统计分析见表5-6。

表5-6　　　　　　　　居住状态变量交叉统计分析

变量名称	变量类型	租房	先租后购	购房	全部样本
居住情况	单位（学校）宿舍	16（15.24%）	77（73.33%）	12（11.43%）	105（25.36%）
	租房	36（27.69%）	80（61.54%）	14（10.77%）	130（31.40%）
	与父母或亲友同住	6（14.63%）	12（29.27%）	23（56.10%）	41（9.90%）
	自有住房	1（0.72%）	52（37.68%）	85（61.59%）	138（33.33%）
居住满意度	非常满意	4（10.81%）	13（35.14%）	20（54.05%）	37（8.94%）
	比较满意	9（8.82%）	59（57.84%）	34（33.33%）	102（24.64%）
	一般	31（19.02%）	84（51.53%）	48（29.45%）	163（39.37%）
	比较不满意	17（17.17%）	65（65.66%）	17（17.17%）	99（23.91%）
	非常不满意	3（23.08%）	5（38.46%）	5（38.46%）	13（3.14%）

（1）居住情况：调研发现，青年人才主要通过租房和买房解决居住问题，其中，租房的样本数为130，占总体样本的31.4%，已经购买自有住房的人数为138人，占总样本的33.33%。有25.36%的调研对象居住在单位或学校宿舍，另有少量调研对象与父母或亲友同住。

（2）居住满意度：统计发现，对居住状态持满意和比较满意态度的分别占样本总数的8.94%和24.64%，有39.37%的调研对象认为当前居住状态一般，另有27.05%的调研对象对居住状态不满意。若对非常不满意、比较不满意、一般、比较满意、非常满意等变量按照1~5进行等级赋分，则青年人才居住满意度平均分为3.123分。交叉统计发现，对居住状态持满意和不满意态度的调研对象购房意愿更为强烈。一方面，住房满意度的提升会让居住者进一步认识到住房的重要性，进而强化其购房的意愿。另一方面，对居住现状越不满意，越能够体会到住房对个人生活、工作、子女成长等各方面的影响，更希望通过买房、换房进而改善生活现状。

5.3.5　收支水平

收支水平变量交叉统计分析见表5-7。

表5-7　　　　　　　收支水平变量交叉统计分析

变量名称	变量类型	租房	先租后购	购房	全部样本
收入水平	5万元以下	14 (15.56%)	66 (73.33%)	10 (11.11%)	90 (21.74%)
	5万~10万元	22 (21.15%)	49 (47.12%)	33 (31.73%)	104 (25.12%)
	11万~15万元	13 (13.98%)	51 (54.84%)	29 (31.18%)	93 (22.46%)
	16万~20万元	7 (12.96%)	27 (50%)	20 (37.04%)	54 (13.04%)
	20万~30万元	2 (5.41%)	16 (43.24%)	19 (51.35%)	37 (8.94%)
	30万元以上	1 (2.78%)	12 (33.33%)	23 (63.89%)	36 (8.70%)
消费水平	3000元以内	28 (19.31%)	93 (64.14%)	24 (16.55%)	145 (35.02%)
	3000~6000元	17 (12.59%)	75 (55.56%)	43 (31.85%)	135 (32.61%)
	6000~9000元	8 (12.70%)	29 (46.03%)	26 (41.27%)	63 (15.22%)
	9000~12000元	4 (13.79%)	12 (41.38%)	13 (44.83%)	29 (7.00%)
	12000元以上	2 (4.76%)	12 (28.57%)	28 (66.67%)	42 (10.14%)

续表

变量名称	变量类型	租房	先租后购	购房	全部样本
住房支出	平均	1 817.80	2 643.67	4 687.39	3 187.46
消费模式	节俭型消费	18（29.03%）	31（50%）	13（20.97%）	62（14.98%）
	理性消费	30（9.55%）	177（56.37%）	107（34.08%）	314（75.85%）
	超前消费	11（28.95%）	13（34.21%）	14（36.84%）	38（9.18%）
收入预期	有大幅上涨	3（7.5%）	21（52.5%）	16（40%）	40（9.66%）
	有适度涨幅	28（11.2%）	136（54.4%）	86（34.4%）	250（60.39%）
	基本不变	25（23.58%）	57（53.77%）	24（22.64%）	106（25.60%）
	有较小降幅	1（6.67%）	7（46.67%）	7（46.67%）	15（3.62%）
	有较大降幅	2（66.67%）	0（0）	1（33.33%）	3（0.72%）
父母经济援助	很大	6（8%）	36（48%）	33（44%）	75（18.12%）
	较大	3（4.41%）	42（61.76%）	23（33.82%）	68（16.43%）
	一般	22（17.32%）	74（58.27%）	31（24.41%）	127（30.68%）
	较小	10（16.95%）	27（45.76%）	22（37.29%）	59（14.25%）
	很小	18（21.18%）	42（49.41%）	25（29.41%）	85（20.53%）

（1）收入水平：在有效的 414 份样本中，近一半（46.86%）个人年收入在 10 万元以内，其中，5 万元以下收入者占比为 21.74%，5 万～10 万元收入群体占比为 25.12%；10 万～20 万元收入群体占比为 35.50%，20 万～30 万元收入群体占比为 8.94%，30 万元以上收入者占比为 8.70%。进一步调研发现，超过七成的调研对象对个人未来的收入增长持良好预期，其中有近 10% 的调研对象认为未来收入将会有大幅增长。总体而言，收入越高的群体，选择直接购房的比例更高。

（2）消费水平：本次调研中，近七成样本每月消费支出在 6 000 元以内，月消费水平在 10 000 元以上的占比仅 15% 左右，可见，由于收入水平有限，加上未来成家、生育等可预见的大额支出压力，青年人才普遍经济压力较大，消费水平不高。同时，研究发现，消费水平较高的青年人才，直接购房的意愿也更高。

（3）住房支出：统计发现，被调研群体每月住房支出的平均数为 3 187.46 元。其中，选择"一直租房"的样本每月住房支出平均数为 1 817.80 元，选择"先租后购"的样本每月住房支出平均数为 2 643.67 元，而选择"直接购房"的样本每月住房支出平均数为 4 867.39 元。可见，相比于其他调研对象，选择购房的青年人才无论其当前是处于租房还是已经购房状态，其每月的住房支出更高。这说明，选择购房的青年人才一般经济条件更好，住房可负担能力更强。

（4）消费模式：从消费模式看，大部分青年人才属于理性消费者，占样本比例为 75.89%；另外，节俭型消费和超前消费分别占总体的 14.98% 和 9.18%。

（5）父母经济援助：统计显示，在青年人才安居置业过程中，来自父母的援助成为重要的经济基础，只有 34.78% 的受访者认为解决住房问题主要是靠自己，父母的援助很有限。

5.3.6　宏观环境

宏观因素变量交叉统计分析见表 5-8。

表 5-8　　　　　　　　宏观因素变量交叉统计分析

变量名称	变量类型	租房	先租后购	购房	全部样本
房价水平	高	49（21.12%）	120（51.72%）	63（27.16%）	232（56.04%）
	较高	7（5.04%）	82（58.99%）	50（35.97%）	139（33.57%）
	一般	2（5%）	19（47.5%）	19（47.5%）	40（9.66%）
	较低	1（100%）	0（0）	0（0）	1（0.24%）
	低	0（0）	0（0）	2（100%）	2（0.48%）
地区满意度	非常满意	4（10.53%）	16（42.11%）	18（47.37%）	38（9.18%）
	比较满意	27（13.24%）	114（55.88%）	63（30.88%）	204（49.28）
	一般	20（13.33%）	82（54.67%）	48（32%）	150（36.23%）
	比较不满意	7（38.89%）	8（44.44%）	3（16.67%）	18（4.35%）
	非常不满意	1（25%）	1（25%）	2（50%）	4（0.97%）
长期留浙江	是	25（9.73%）	119（46.30%）	113（43.97%）	257（62.08%）
	不一定	25（20%）	86（68.8%）	14（11.2%）	125（30.19%）
	否	9（28.13%）	16（50%）	7（21.88%）	32（7.73%）

续表

变量名称	变量类型	租房	先租后购	购房	全部样本
房价预期	大幅上涨	8（21.62%）	18（48.65%）	11（29.73%）	37（8.94%）
	小幅上涨	26（12.21%）	116（54.46%）	71（33.33%）	213（51.45%）
	基本不变	15（17.44%）	40（46.51%）	31（36.05%）	86（20.77%）
	小幅下降	7（12.73%）	32（58.18%）	16（29.09%）	55（13.29%）
	大幅下降	3（13.04%）	15（65.22%）	5（21.74%）	23（5.56%）
政策评价	很好	6（15.38%）	17（43.59%）	16（41.03%）	39（9.42%）
	较好	10（9.52%）	58（55.24%）	37（35.24%）	105（25.36%）
	一般	25（13.59%）	99（53.80%）	60（32.61%）	184（44.44%）
	较差	9（28.13%）	16（50%）	7（21.88%）	32（7.73%）
	很差	4（23.53%）	11（64.71%）	2（11.76%）	17（4.11%）
	不了解	5（13.51%）	20（54.05%）	12（32.43%）	37（8.94%）

（1）房价水平：调研发现，近九成青年人才对当前房价水平不满意，认为当前房价高于可支付水平，难以承受。其中，有232人（56.04%）的调研对象认为房价过高，139人（33.57%）认为房价较高，而且，超过一半的调研对象认为未来房价还会上涨，青年人才住房负担较重。

（2）地区满意度：对所在地区或城市的印象和满意度对个人住房租购选择行为有重要影响（Kabsung，2012）。统计显示，过半数青年人才对浙江持满意评价，其中，持非常满意、比较满意评价的分别占比为9.18%、49.28%，明确表示不满意的仅占5.32%。

（3）居留意愿：超过六成的调研对象计划在浙江长期生活并安家，有30.19%的调研对象持观望状态，只有7.73%的调研对象不打算长期在浙江发展。计划留在浙江的样本中，有一半以上选择先租房后购房。

（4）住房政策：青年人才对政府出台的住房保障政策评价不高，对住房政策持肯定性评价的仅占34.78%，有11.84%的调研对象认为政策效果差，另有8.94%的样本表示对政策不了解，说明需要进一步完善现有住房保障制度，加强政策宣讲和引导。

5.4　实证分析

交叉统计结果显示，浙江青年人才住房消费选择与个人的思想观念、个体特征、职业状况、居住状态、收支水平以及宏观环境等因素可能都存在一定的联系。为了进一步确定各变量对浙江青年人才住房消费选择是否存在影响及其影响的程度，本节采用无序多分类 Logistic 回归模型研究影响浙江青年人才住房消费选择的因素，并对结果进行分析检验。

无序多分类 Logistic 回归分析的原理与二元 Logistic 回归相同，即在组内部将因变量中的一个类别设置为参照水平，其他类别分别与之做 n－1 次（n 为因变量类别总数）二元 Logistic 回归分析。本章选取"先租房后购房"作为参照水平，"一直租房""先租房后购房"为第一组模型（以下称模型1），"直接购房""先租房后购房"为第二组模型（以下称模型2），将问卷数据带入 SPSS 分析，得到回归结果见表 5 - 9。下面按照六个维度对回归结果分别进行解释。

表 5 - 9　　　　　　　　　　　　**回归分析结果**

属性	模型 1：一直租房		模型 2：直接购房	
	coef	p > |z|	coef	p > |z|
居住	1.470	0.143	－ 1.207	0.093 *
资产保值增值	1.728	0.118	－ 0.248	0.685
落户等权益性目的	0b		0b	
住房观念	－ 2.109	0.003 ***	－ 0.270	0.265
男性	0.915	0.125	0.564	0.133
女性	0b		0b	
年龄	0.628	0.351	0.327	0.053 *
本科	4.405	0.061 *	0.016	0.983
硕士研究生	4.811	0.045 **	0.688	0.324
硕士研究生以上	0b		0b	
未婚	－ 0.368	0.710	－ 0.773	0.004 ***
已婚	0b		0b	

续表

属性	模型 1：一直租房		模型 2：直接购房	
	coef	p > |z|	coef	p > |z|
浙江省内	−1.556	0.026 **	−0.081	0.875
浙江省以外	0b		0b	
就业，有正式单位	1.592	0.497	1.337	0.046 **
自主创业	0.770	0.796	0.713	0.707
自由职业	2.647	0.291	0.583	0.735
待业	0b		0b	
党政机关或事业单位	−0.347	0.852	−0.351	0.717
国企	−0.071	0.959	0.396	0.659
合资/外资企业	−1.533	0.365	0.707	0.486
民营企业	−1.529	0.259	−0.629	0.441
个体户/自营	−0.092	0.952	−1.123	0.291
未就业	0b		0b	
高层管理人员	3.937	0.107	1.823	0.024 **
中层管理人员	−2.573	0.241	0.392	0.046 **
基层管理人员	−1.226	0.457	−0.272	0.847
一线员工	−1.655	0.305	0.146	0.916
其他未就业人员	0b		0b	
3 年内有工作变动意向	0.586	0.048 **	0.489	0.312
不一定	0.133	0.862	0.230	0.581
3 年内无工作变动意向	0b		0b	
3 年内有继续深造意向	0.028	0.969	0.409	0.363
不一定	0.384	0.591	0.437	0.341
3 年内无继续深造意向	0b		0b	
单位宿舍	2.244	0.189	−1.169	0.086
租房	3.914	0.019 **	−2.197	0.036 **
与父母或亲友同住	3.706	0.026 **	1.221	0.050 **
自有住房	0b		0b	
居住状态，非常满意	0.165	0.933	−1.831	0.115
比较满意	0.843	0.605	2.137	0.043 **
一般	1.680	0.255	−1.824	0.074 *

续表

属性	模型 1：一直租房		模型 2：直接购房	
	coef	p > |z|	coef	p > |z|
比较不满意	1.001	0.519	−2.129	0.077 *
非常不满意	0b		0b	
年收入水平，5 万元以下	3.633	0.029 **	0.501	0.717
5 万 ~ 10 万元	5.682	0.007 ***	0.544	0.554
11 万 ~ 15 万元	4.821	0.128	0.017	0.983
16 万 ~ 20 万元	4.111	0.203	0.495	0.551
20 万 ~ 30 万元	3.680	0.234	0.296	0.700
30 万元以上	0b		0b	
月消费，3 000 元以内	−2.035	0.375	−1.603	0.004 ***
3 000 ~ 6 000 元	−2.712	0.220	−0.497	0.481
6 000 ~ 9 000 元	−2.424	0.259	−0.643	0.358
9 000 ~ 12 000 元	−0.158	0.944	−0.203	0.802
12 000 元以上	0b		0b	
住房支出	−0.498	0.032 **	0.515	0.049 **
节俭性消费	−0.352	0.730	−1.662	0.040 **
理性消费	−2.214	0.016 **	−0.381	0.538
超前消费	0b		0b	
收入水平，有大幅上涨	−18.399	0.994	−20.153	0.994
有适度涨幅	−17.945	0.994	−20.337	0.994
基本不变	−16.896	0.995	−20.642	0.994
有较小降幅	−20.744	0.994	−19.242	0.994
有较大降幅	0b		0b	
父母经济援助，很强	−1.118	0.003 ***	0.321	0.049 **
较强	−1.237	0.268	0.147	0.081 *
一般	0.240	0.754	−0.939	0.087 *
较弱	1.005	0.246	−0.705	0.267
很弱	0b		0b	
房价感知，高（无力承担）	−3.214	0.999	−26.995	0.039 **
较高（勉强接受）	−4.826	0.999	−27.446	0.984
一般（可接受）	−3.891	0.999	−26.483	0.984

续表

属性	模型1：一直租房		模型2：直接购房	
	coef	p > |z|	coef	p > |z|
较低（比较轻松）	18.036	0.998	-23.791	
低（无压力）	0b		0b	
地区满意度，非常满意	-0.250	0.962	4.217	0.084 *
比较满意	-0.470	0.923	4.371	0.006 ***
一般	-1.398	0.773	-4.228	0.072 *
比较不满意	0.575	0.905	-5.211	0.043 **
非常不满意	0b		0b	
长期留浙江，是	0.827	0.470	0.042	0.957
不一定	0.623	0.572	-1.550	0.059 *
否	0b		0b	
房价预期，大幅上涨	1.510	0.305	1.140	0.265
小幅上涨	1.066	0.426	0.445	0.620
基本不变	1.933	0.199	0.852	0.351
小幅下降	-0.186	0.903	0.509	0.597
大幅下降	0b		0b	
住房政策评价，很好	0.758	0.604	0.572	0.511
较好	0.517	0.669	0.217	0.743
一般	0.890	0.381	0.640	0.296
较差	2.209	0.080 *	-0.201	0.812
很差	0.371	0.822	-1.174	0.415
不了解	0b		0b	

注：以"先租房后购房"为参照组。* 代表显著性水平为10%，** 代表显著性水平为5%，*** 代表显著性水平为1%，数据为作者计算整理所得。

5.4.1 思想观念因素

模型1中住房目的对住房消费策略选择无显著影响。在模型2中，回归系数为-1.207，p值为0.093，说明在10%的显著性水平下，以居住为目的的青年人才更倾向于选择"先租后购"，而以落户、获取学区资格等住房权益为目的的青年人才则更倾向于选择"直接购房"。

住房观念在模型 1 中对住房消费策略选择有显著影响，回归系数为 -2.109，p 值为 0.003，说明在 1% 的显著性水平下，越不认同 "住房是安身之本" 的青年人才，越倾向于 "一直租房"；越认同该观念者，越倾向于选择 "先租后购"。可见，认为住房对个人发展和家庭生活越重要，买房的可能性越高。

5.4.2　个体特征因素

性别因素在模型 1 和模型 2 中均不显著，说明不同性别的青年人才在住房消费策略选择上没有差异。原因可能是在当前环境下，青年人才无论男女，在面对住房选择问题时都有相似的需求和考量，因此，性别对住房消费选择无显著影响。

年龄因素在模型 2 中对住房消费策略选择有显著影响，回归系数为 0.327，p 值为 0.053，说明在 10% 的显著性水平下，年龄越大，越倾向于 "直接购房" 而不是 "先租后购"，这主要和青年人才对住房的需求及其财富积累有关。

教育程度在模型 1 中对住房消费策略选择有显著影响。在对照组为硕士研究生以上学历的情况下，本科学历回归系数为 4.405，p 值 0.061；硕士研究生学历回归系数为 4.811，p 值为 0.045。说明本科学历和硕士研究生学历的青年人才分别在 10% 和 5% 的显著性水平下相比于硕士研究生以上学历的青年人才更倾向于 "一直租房"，说明受教育程度越高，青年人才越倾向于购买自有住房。

婚姻状况在模型 2 中对住房消费策略选择有显著影响，未婚者的回归系数为 -0.773，p 值为 0.004，说明在 1% 的显著性水平下，已婚的青年人才比起未婚青年人才更倾向于 "直接购房"。

籍贯地在模型 1 中对住房消费策略选择有显著影响，以籍贯地在外省的青年人才为对照组，籍贯在省内的回归系数为 -1.556，p 值为 0.026，可见，相比之下，籍贯在外省的青年人才更倾向于选择 "一直租房"，而籍贯在本省的青年人才更倾向于选择 "先租后购"，这说明在青年人才住房消费选择过程中，地缘、血缘因素、家庭社会网络会成为影响住房行为的重要考量。

5.4.3 职业状况因素

就业状态在模型1中不显著，在模型2中对住房消费策略选择有显著影响，其中，就业状态为在正式单位就业的回归系数为1.337，p值为0.046，说明在5%的显著性水平下，相比于其他就业状态，有正式单位的青年人才更倾向于选择"直接购房"。单位性质在模型1和模型2中均不显著，说明在不同性质单位就业的青年人才在住房消费策略选择上没有明显差异。

岗位层次在模型2中对住房消费选择有显著影响，其中，高层管理人员的回归系数为1.823，p值为0.024，中层管理人员的回归系数为0.392，p值为0.046，说明在5%的显著性水平下，在中高层管理岗位任职的青年人才更倾向于"直接购房"，可见岗位层次越高，购房的意愿与能力越强。

工作变动意向在模型1中对住房消费策略选择有显著影响，3年内有工作变动意向的回归系数为0.586，p值为0.048，说明在5%的显著性水平下，存在工作变动打算的青年人才更倾向于选择"一直租房"。可见，工作的不确定性对住房消费选择有重要影响，工作越不稳定，租房的概率越高。继续深造意向在模型1和模型2中均不显著，说明继续深造意向对青年人才住房消费选择没有影响。

5.4.4 居住状态因素

居住情况在模型1和模型2中均表现出显著性。以在自有住房居住为对照组，模型1中租房的回归系数和p值分别为3.914和0.019，与父母或亲友同住的回归系数和p值分别为3.706和0.026，说明在5%的显著性水平下，相较于拥有自有住房的青年人才，租房以及与父母亲友同住的青年人才更倾向于选择"一直租房"而非"先租后购"。在模型2中，租房的回归系数和p值分别为-2.197和0.036，与父母或亲友同住的回归系数和

p 值分别为 1.221 和 0.050，说明在 5% 的显著性水平上，目前租房的青年人才更倾向于"先租后购"，与父母或亲友同住的青年人才更倾向于"直接购房"。根据上述两个模型分析可以发现，相比于其他居住方式，当前租房的青年人才未来购房的概率最低。

居住满意度在模型 1 中并不显著，在模型 2 中对住房消费选择有显著影响。以非常不满意作为对照组，比较满意的回归系数为 2.137，p 值为 0.043；一般的回归系数为 -1.824，p 值为 0.074；比较不满意的回归系数为 -2.129，p 值为 0.077。说明同对居住状态不满意的青年人才相比，对居住状态比较满意的青年人才更愿意选择"直接购房"，对居住状态满意度一般或不太满意的青年人才更倾向于选择"先租后购"，购房意愿与居住满意度呈现"U"型关系。

5.4.5　收支水平因素

收入水平对住房消费选择有显著影响。在模型 1 中，以年收入 30 万元以上为对照组，年收入 5 万元以下的回归系数和 p 值分别为 3.633 和 0.029，年收入 5 万~10 万元的回归系数和 p 值分别为 5.682 和 0.007，都达到显著性水平，说明与高收入群体相比，年收入 5 万元以下和 5 万~10 万元的青年人才更倾向于一直租房。可见，经济承受能力是决定个人住房选择的重要因素。

消费水平在模型 2 中对住房消费选择有显著影响。以月消费支出 12 000 元以上为对照组，月消费支出在 3 000 元以内的回归系数和 p 值分别为 -1.603 和 0.004，说明在 1% 的显著性水平下，月消费支出在 3 000 元以内的青年人才更倾向于选择"先租房后购房"，月消费支出越高，越倾向于直接购房。

住房支出在模型 1 和模型 2 中均表现出显著性。在模型 1 中住房支出的回归系数和 p 值分别为 -0.498 和 0.032，说明在 5% 的显著性水平下，月住房支出越低，越倾向于一直租房，月住房支出越高，越倾向于先租后购。在模型 2 中住房支出的回归系数和 p 值分别为 0.515 和 0.049，说明在 5% 的显著性水平下，月住房支出越低，越倾向于先租后购，月住房支出越高，越倾向于直接购房。由上述两个模型分析可以发现，住房支出水平与住房消费选择高度相关，住房支付能力越强，越可能直接购房。

消费模式对住房消费选择有显著影响。以超前消费为对照组，在模型1中，理性消费的回归系数为 -2.214，p值为 0.016，说明相比于持超前消费观的青年人才，持理性消费观的青年人才更倾向于先租后购。在模型2中，节俭型消费的回归系数为 -1.662，p值为 0.040，说明持节俭型消费观的青年人才也更倾向于先租后购，而持超前消费观的青年人才则更倾向于直接购房。

有文献指出，收入预期对个人住房选择有重要影响（胡国平，2017；Hamzah，2020），然而本章统计显示，收入预期在两个模型中均不显著。这可能与当前房价总体水平较高，收入水平的预期变化相对于房价来说总体比较微小，影响的作用相对来说比较长远，因此，对个人的住房策略选择影响不明显。

父母经济援助对住房消费选择有重要影响。在模型1中援助力度很强的回归系数为 -1.118，p值为 0.003，说明在 1% 的显著性水平下，父母给予强力援助的青年人才更倾向于先租房后购房，而父母援助力度越弱，越倾向于一直租房。在模型2中援助力度很强的回归系数和p值分别为0.321 和 0.049，援助力度较强的回归系数和p值分别为 0.147 和 0.081，援助力度一般的回归系数和p值分别为 -0.939 和 0.087，说明父母给予的经济援助力度越强，青年人才越倾向于直接购房；经济援助力度越弱，青年人才越倾向于先租后购。

5.4.6 宏观环境因素

房价水平感知对住房消费选择有重要影响，在模型2中，认为房价水平很高的回归系数和p值分别为 -26.995 和 0.039，说明在 5% 的显著性水平下，认为房价水平越高的青年人才越倾向于先租房后购房。

地区满意度在模型1中并不显著。在模型2中以非常不满意作为对照组，非常满意的回归系数和p值分别为 4.217 和 0.084，比较满意的回归系数和p值分别为 4.371 和 0.006，说明对浙江省总体满意的青年人才更

倾向于选择"直接购房"。满意度一般的回归系数和 p 值分别为 –4.228 和
0.072，比较不满意的回归系数和 p 值分别为 –5.211 和 0.043，说明对浙
江省总体不太满意的青年人才更倾向于先租房后购房。可见，地区满意度
越高，会加速青年人才的住房决策，购房的意愿越强烈。

居留意愿在模型 1 中无显著影响。在模型 2 中，居留不确定的回归系
数为 –1.550，p 值为 0.059，说明在 10% 的显著水平下，长期居留浙江的
不确定性越高，越倾向于选择先租房后购房。可见，对未来居留意向越不
明确的青年人才越倾向于先租房。

房价预期对青年人才住房消费策略选择影响不显著。有文献指出，房
价预期对个人租购选择有正向促进作用，认为未来房价上涨幅度越大，则
资产增值空间越大，因而购房意愿越强烈（Jingkui，2014）。但是也有研
究发现，房价上涨预期对个人住房消费选择有抑制作用，未来房价上涨幅
度越大，则因购房而带来的住房支出成本越高，家庭经济压力越大，因而
会削减其购房意愿（Akerlof，2019）。因此，在上述正反两种效应的叠加
作用下，持不同房价预期的青年人才在住房消费选择上没有表现出明显差
异，本章回归结果证实了以上分析结论。

住房政策对住房消费选择有显著影响。在模型 1 中，认为住房政策较
差的回归系数为 2.209，p 值为 0.08，说明在 10% 的显著性水平下，认为
当前住房保障政策较差的青年人才更倾向于一直租房。

5.5　本章小结

本章第一部分根据研究目标和变量特点构建了计量模型，确定了变量
选择和研究假设。第二部分对调查的内容和过程进行了说明。第三部分从
人口统计学特征、思想观念、职业状况、居住状态、收支水平、宏观环境
六个方面对样本特征进行了描述性统计和交叉分析，对研究假设及模型的
合理性进行了初步验证。第四部分运用无序多分类 Logistic 回归模型对调
研数据进行了分析，对模型及各变量之间的路径关系进行了检验，各假设
关系验证结果归纳见表 5 – 10。本章主要有以下研究发现。

表 5 – 10 假设检验结果

变量类型	变量名称	假设情况	回归结果
思想观念	住房消费目的	显著	显著
	住房观念	显著	显著
个体特征	性别	显著	不显著
	年龄	正向显著	正向显著
	教育程度	正向显著	正向显著
	婚姻状况	正向显著	正向显著
	籍贯地	显著	显著
职业情况	就业状态	显著	显著
	单位性质	显著	不显著
	岗位层次	正向显著	正向显著
	工作变动意向	负向显著	负向显著
	继续深造意向	负向显著	不显著
居住状态	居住情况	显著	显著
	居住满意度	正向显著	呈 "U" 型显著
收支水平	收入水平	正向显著	正向显著
	消费水平	正向显著	正向显著
	住房支出	正向显著	正向显著
	消费模式	正向显著	正向显著
	收入预期	正向显著	不显著
	父母经济援助	正向显著	正向显著
宏观因素	房价水平	负向显著	负向显著
	地区满意度	正向显著	正向显著
	居留意愿	正向显著	正向显著
	房价预期	显著	不显著
	住房政策	正向显著	正向显著

（1）青年人才中选择"直接购房"的群体年龄普遍大于选择"一直租

房"和"先租后购"的群体，年龄越大越倾向于直接购房。相比于未婚青年人才，已婚青年人才购房意愿更强烈。受教育程度越高，越倾向于购买自有住房。来自外省的青年人才选择租房的比例更高，本省的青年人才更倾向于先租后购。

（2）超过 2/3 的青年人才获取住房是为了满足基本居住需求，以落户、获取学区资格等住房权益为目的的青年人才更倾向于直接购房。超过七成的青年人才认为"住房是安身立命之本，是身份和能力的象征"，越认同该观点者越倾向于通过购房来解决住房问题。

（3）就业情况影响青年人才住房选择，待业者选择租房的比例较高，自主创业者选择购房的比例较高。岗位层次越高，购房意愿与能力越强。工作越不稳定，工作变动概率越高，选择租房的可能性越大。

（4）浙江青年人才对居住现状满意度不高，持满意态度的仅占 1/3，满意度平均分为 3.123 分。统计显示，购房意愿与居住满意度呈现"U"型关系，对居住状态持满意和不满意态度的青年人才购房意愿更强烈。

（5）青年人才收支水平不高，住房消费能力有限。近一半年收入在 10 万元以内，收入在 20 万元以上的占比仅为 17.64%。大部分青年人才每月消费支出在 6 000 元以内，月消费水平在 10 000 元以上的占比仅 15% 左右。收支水平显著影响住房选择，收支水平越低越倾向于租房，收支水平越高越倾向于购房。2/3 的受访者表示解决住房问题需要依靠家庭的资助。父母援助力度越小，租房概率越高；援助力度越大，直接购房意愿越强烈。

（6）近九成青年人才对当前房价水平不满意，认为当前房价难以承受，而且，大部分青年人才认为未来房价还会上涨。过半数青年人才对浙江发展环境持满意评价，超过六成的调研对象计划在浙江长期生活并安家。统计显示，对所在地区的满意度会影响青年人才的住房决策，对浙江满意的青年人才更倾向于直接购房，对浙江省不太满意的青年人才更倾向于先租后购或一直租房。未来居留意向越不明确，越倾向于租房。浙江青年人才对当前的住房保障政策评价不高，持肯定性评价的仅占 1/3，另有近 1/10 表示对政策不了解。对政策评价越高者越倾向于购房，评价越低者越倾向于租房。

（7）影响住房消费选择的因素包括：住房消费目的、住房观念、年龄、教育程度、婚姻状况、籍贯、就业状态、岗位层次、工作变动意向、居住情况、居住满意度、收入水平、消费水平、住房支出、消费模式、父母经济援助、房价感知、地区满意度、居留意愿和住房政策评价。越不认同"住房是安身之本"，收支水平越低，父母援助力度越小，对地区越不满意，留浙概率越低，越倾向于一直租房；已婚，收支水平越高，父母援助力度越大，对地区越满意，留浙概率越高，越倾向于直接购房；未婚，收支水平适中，未来居留意向越不明确者，越倾向于先租后购。

第 6 章

青年人才租购一体化保障
体系及长效治理研究

　　当前，我国进入了全面建设社会主义现代化国家、向第二个百年奋斗目标进军的新征程。实现我们的奋斗目标，实现中华民族伟大复兴的中国梦，关键要靠人才，特别是青年人才。青年强，则国家强。党的二十大报告指出，要把青年工作作为战略性工作来抓。对于一个地区、一个城市来说，青年人才是未来发展的中坚力量，因此，近年来各个省份、各大城市都在积极推动青年发展型城市建设。如何吸引并留住青年人才，如何改善青年生活条件，让青年更好地圆梦安居，放开手脚为美好生活奋斗，成为各大城市的共同命题。本章基于前述研究发现，根据浙江实际，以问题和需求为导向，运用信息、经济、行政等工具，在梳理并借鉴发达国家和地区经验的基础上，从供给、需求、政策、管理、金融、情绪六个维度建立青年人才住房租购一体化保障体系及长效治理机制（见图 6-1），并提出具体的政策建议。

需求导向	问题导向
● 独立开放的生活和私密自由的空间 ● 买房仍是主流需求 ● 租购并举的认同度逐步提升 ● 住房消费呈阶梯式结构 ● 总价低、区位佳、功能齐、环境好 ● 居住品质多元化，软硬环境有要求 ● 希望装修个性化、科技化、智能化 ● 购房意愿与居住满意度呈"U"型关系	● 收入水平不高，住房支付能力弱 ● 住房供应结构与需求不匹配 ● 住房租赁市场建设滞后 ● 住房保障体系不完善，政策不健全 ● 居住品质差、舒适度低 ● 职住不平衡问题突出 ● 人均居住面积未达国家小康标准 ● 青年人才居住满意度低

租购一体化保障体系	
供给端 ▲ 加强低成本专项用地供应 ▲ 挖掘存量物业供给潜力 ▲ 加大政策性住房供给 ▲ 建立多层次住房供应体系 ▲ 提升住房宜居性和舒适度	需求端 ▲ 改变"重买轻租"住房观念 ▲ 提升租住体验 ▲ 推动落实租购同权 ▲ 引导建立住房梯度消费体系
政策端 ▲ 完善法制体系 ▲ 扩大住房保障受益面 ▲ 将青年住房问题纳入城市评价体系 ▲ 多渠道推进住房保障一体化	管理端 ▲ 完善市场监管体系 ▲ 构建高效住房信息服务平台 ▲ 建立租金调控机制 ▲ 畅通维权申诉渠道
金融端 ▲ 健全青年人才住房金融支持体系 ▲ 创新信贷产品和服务模式 ▲ 鼓励金融机构支持住房租赁市场建设 ▲ 加强住房金融风险管理	情绪端 ▲ 加大住房保障政策宣传力度 ▲ 建立住房市场信息公开发布机制 ▲ 广泛听取青年人才意见建议 ▲ 提振青年人才住房信心

图 6 - 1　青年人才住房租购一体化保障体系框架

6.1　总体思路

　　安居才能乐业，"住有所居""住有宜居"是青年人才实现安居乐业、扎根创业、建功立业的关键要素，解决好青年人才住房问题，不断改善其住房条件，是一座城市最硬核吸引力与友好度的具体体现，也是深入实施"人才强省"和创新驱动发展战略的必由路径，具有十分重要的意义。浙江青年人才住房问题主要集中在杭州、宁波、温州等热点城市，解决好了热点城市的青年人才住房问题，就基本解决好了全省的问题。

　　国家和省级层面，要加快完善相关政策法规，健全住房设计、建设、功能、安全、配套、环境等标准规范，将青年人才住房问题纳入城市发展评价体系；进一步扩大住房保障覆盖面，将青年人才纳入保障范围；推动落实租购同权，加快住房租赁产业支持政策的落地。

　　城市层面，要按照"一城一策、因城施策"的原则，以促进供求平衡、价格稳定、结构匹配、品质宜居、管理规范、选择多元为目标，在供求两端双向发力。既要增加青年人才住房的有效供给，建立多层次住房供给体系，不断提升住房的宜居性和舒适度；也要积极引导青年人才转变住房观念，建立"租购并举""梯度消费"理念。同时，不断完善市场监管体系，加大住房租赁市场治理力度，维护青年租房权益；加强金融支持，建立"租、售、补"一体化的青年人才安居体系；加强住房政策宣传，广泛听取意见和诉求，不断增强青年人才的获得感、归属感和幸福感。青年人才住房租购一体化保障体系框架见图 6-1。

6.2　具体举措

6.2.1　增加有效供给，建立多渠道多类型住房供应体系

　　一是完善青年人才住房用地供应体系，加强低成本用地的适度供应。随着浙江城镇化进程进一步推进，热点地区青年人才对住房的需求还会加大，必须从供地的源头给予基本保障。青年人才规模大的城市，要确保一定数量的专项住房用地供给。杭州、宁波、温州、嘉兴、绍兴、金华等热点城市，每年新增住宅用地供给中，要保证一定比例用于青年人才保障性住房集中建设。在区域分布上，热点城市的产业园区、商务集聚区、金融贸易区、高教园区，以及交通枢纽地区（含轨交站点周边）等交通便捷、生产生活便利、住房需求集中的区域，必须要配备一定数量的青年人才保障性住房，加大专项用地供给。优化出让方式，降低土地成本。可以通过合理测算未来净现金流、设定合理回报率等方法科学评估用地价格；通过限房价竞地价、限地价竞自持、限地价竞配建的方式引导开发商投资建设

低成本住房；还可以探索土地年租制，即采取按年支付土地价格的方式，降低住房开发成本，减轻青年人才住房负担。

二是灵活开展存量物业改造，挖掘存量土地和住房供给潜力。在青年人口多、职住不平衡的地区，允许闲置的工业用地、划拨用地等改建青年人才公寓。其中，工业用地改建为青年人才保障性住房可采用两种方式：一是按保障性住房用地的出让价格补缴土地出让金，出让价格的评估可按照政府控制价格或当前的市场价格，并明确未来的涨幅不得超过 CPI 进行测算。二是不改变用地性质，进行建筑使用用途调整，采用每年上交土地使用费的形式。对于配套设施完善、交通便利或靠近产业园区的"非改居"项目，要适度放宽改造要求，并建立绿色审批通道，以促进更多职住一体、交通便利且价格合理的居住空间的建设。加快改造升级老旧小区，结合历史风貌保护、轨道交通站点建设等工程，深入挖掘存量住房、腾空房屋的改造潜力。推广高层建筑、地下空间利用等方式，增加单位面积住房供应量，实现土地集约化利用。

三是加大保障性住房供给，发挥政策性住房的"稳定器"作用。我国目前政策性住房市场占比低，以杭州为例，仅占市场的 5% 左右。为此，需要进一步发挥政策性住房的引导作用，尤其要加快发展保障性租赁住房。政策性住房供给短缺的城市，要加大建设规模，采取新建、改建、配建、盘活存量等方式，增加小户型、低租金住房供给。完善土地支持政策，允许利用企事业单位自有土地建设保障性租赁住房，变更土地用途，不补缴土地价款。提高产业园区配套用地面积占比上限，提高部分主要用于建设宿舍型保障性租赁住房。通过财政补贴、放宽容积率等政策性手段鼓励有条件的企业建造职工宿舍。设立保障性住房建设专项基金，对符合规定的项目给予补助资金支持。优化空间布局，强化基础设施配建，政策性住房应分布在交通便捷、配套完善、需求相对集中的位置，选址一般应在地铁、公交、主干道等交通枢纽附近。还可以借鉴日本都市再生机构（UR）的做法，由央企和地方国企联手成立特殊法人企业，主导开发略低于市场价格的政策性住房。

四是提供多种类型、从普通到高端不同层次的住房。解决青年人才住房问题，一方面要强化托底保障，另一方面也要建立针对不同群体的住房供应体系，满足结构性住房需求。应根据不同经济承受能力，打造包括公共租赁房、保障性租赁住房、共有产权房、限价房、人才公寓、周转房、旧改房等"多房并举"的青年人才住房保障体系。其中，人才公寓、青年公寓和周转房建设标准相对较高，能提供现代化的设施和便利的生活配套，主要面向中高端青年人才；公共租赁房、保障性租赁住房等主要面向普通青年人才，满足其暂时居住需求；共有产权房、限价房主要面向对产权有需求，具备一定住房消费能力的青年人群。还要针对青年人才不同类型的居住需求，开发不同功能的住房产品。例如，在经济园区、中央商务区、产业园区等青年人才工作集中区域，要整合酒店、宾馆、公寓等资源，打造"限时免费""短期低价"的"青年人才驿站"项目，满足短期过渡性住房需求。在需求旺盛的"长租房"方面，可采取"公私合作"的模式，政府提供政策，企业提供房源，社区提供服务，并充分整合各级国有平台公司持有的保障性租赁住房、人才房等各类房源，打造价格优惠、配套完善、服务贴心的公益性集中式住房租赁项目。

五是完善住房功能，提升居住品质。青年人有较强的独立性，渴望拥有属于自己的空间和多元化的生活，要积极发展 SOHO 住宅、单身公寓、LOFT 公寓、酒店式公寓、青年公寓、共享住宿、未来社区等新型的住宅产品，房屋内部要求设施齐全，能实现"拎包入住"，装修风格要体现年轻化特征，并融入科技化、智能化元素。青年人有不同爱好和追求，喜欢住在个性化、特色化的房子里，在住房开发设计中，要注重房屋的空间布局与结构功能，除了具备传统的生活起居功能外，公共区域还要打造自助办公、学习阅读、运动健身、共享会客、共享洗衣、共享厨房、休闲娱乐、自助设备等功能性空间，为追求梦想的青年人群打造高品质居住空间与时尚创意生活。青年人生活节奏快，工作压力大，更加注重生活的便利与居所环境的舒适。既要在产业园、交通枢纽等区域集中建设青年人才保障性住房，缩短上下班通勤时间，促进职住平衡；又要在城市核心区分散配置，让青年人共享高品质居住环境。要加强基础设施建设，不断完善超市、菜市场、幼儿园、中小学、医院、药店等生活配套。要深入推进城市更新，不断提升小区宜居性，切实解决老旧小区住房功能不全、设施陈旧、光线不足、通风不畅、环境脏乱差、安全隐患大等突出问题。还要加强社区管理，丰富小区文化活动，提升物业服务质量和邻里关系，不断改善居住环境。

6.2.2 合理引导需求，促进青年人才树立住房梯度消费理念

一是改变"重购轻租"住房观念。中国人传统上抱有"有房才有家"的观念，认为在一个城市打拼没有房子就没有归属感，因而偏重于买房，而不愿意租房。这一传统思想观念已不再适应时代发展要求，现代社会，归属感在于生活品质和社会关系，有朋友、有爱人、有亲人的地方就是家。要通过教育、宣传、舆论、文化影视作品等手段，倡导住房选择要与自身的资源禀赋、家庭环境以及经济水平相适应，摒弃"置业传代"的固有观念，引导租房也能实现"居者有其屋"，把相当大的住房需求吸引到租赁住房上来，有效减轻青年人才住房支付压力和商品住房市场的供需压力。

二是要积极提升租住体验。要完善青年租房政策支持体系的顶层设计，为青年人才租房提供稳定的政策预期，引导他们更为积极地选择租房。要出台更加优惠的租房政策，通过税费减免、租金补贴等方式加大政策倾斜力度，减轻租房成本。要加快培育和发展专业化、品牌化的住房租赁运营机构，有效发挥市场化力量，驱动租住服务向精细化、多元化、品质化方向演进。要鼓励运用互联网、AI、VR等新一代数字技术升级改造住房租赁服务和产品，从而提供更为舒适和宜居的租住产品和居住环境，更为齐全的配套设施和社区功能，让青年人才租得放心、租得安心、租得舒心。

三是推动落实租购同权。要制定住房租赁权力清单，并通过立法等手段推动租购同权落实落地，消除租房者在获取公共服务方面的歧视和障碍，让青年人才在租房中可以享受与购房者在落户、子女就近入学、就业保障、基本医疗及公共卫生、养老、公共交通、公积金提取等方面同等的权利，减少过去租房给人们带来的漂泊感和被剥夺感，实现租房和购房在城市公共服务上的平等待遇，从而形成更加长期、稳定的租赁关系。要实施租房积分制度，进一步完善居住证管理制度，使在城市合法稳定居住和稳定就业的青年人才可以享受相应的公共服务待遇，推动流动青年市民

化，提高租房者的生活品质和社会融入度，从而让租房真正成为青年人才认可的生活方式。

四是引导青年人才建立住房梯度消费模式。要帮助青年树立科学理性的住房消费观念，让他们学会如何根据自身经济状况、生活需求和价值观念来合理安排消费结构，逐步实现个人住房条件、消费层次和生活质量的提升。各级学校和社会教育机构要加强对青年的财经教育，包括个人理财、消费观念、生活规划、财务管理等；鼓励青年多参与消费教育课程、讲座和研讨会，并邀请经济学家、理财专家等发表文章或视频，分享梯度消费的成功案例和经验。政府和媒体要加强宣传，提高青年对住房租购并举政策内涵的理解，大力倡导先租后买、由小及大的住房梯度消费模式。

6.2.3　完善政策制度，建立青年人才一体化住房保障体系

一是加快法规体系建设，完善相关政策制度。应制定更为详尽的住房保障法规，为青年人才住房保障提供法律支撑，确保其住房权益得到充分保障。要完善住房保障申请、审核和监管机制，确保住房资源的公平分配和有效使用。要健全住房租赁政策体系，2020 年 9 月 7 日，住房和城乡建设部发布《住房租赁条例（征求意见稿）》，之后，上海、北京、南京、武汉、佛山、成都先后出台了地方版条例，浙江时至今日仍未公布相关条例。要借鉴北京、上海等地立法经验，加快出台浙江《住房租赁条例》，各地市要加快制定实施细则，从政府规章层面明确市场规则、运营规范、责任体系、管理要求、交易双方的权利和义务等，着力稳租金、稳租约。要针对承租人的弱势地位开展政策配套，维护租赁双方尤其是承租人合法权益。还要完善租赁住房的标准体系，要以加大建设中小户型租赁住房为原则，明确住房建设、消防、安全、环保、配套设施等技术标准。

二是优化准入条件，不断扩大青年群体的住房保障受益面。要将新就业且具备大学本科及以上学历的青年纳入住房保障的覆盖范围，以确保这部分人群能够享受到适当的住房支持。对于已经取得公共租赁住房保障资格但尚未获得实物配租的青年人才，政府要给予相应的租金补贴，以减轻其住房负担。

三是将青年住房问题纳入城市发展评价体系。应聚焦居住环境、就业创业、学习教育、休闲娱乐、身心健康、商业服务、社会参与度、青年满意度等维度，制定符合新型城镇化发展趋势和青年发展要求的"青年发展型城市评价体系"，并以此作为城市人才引进建设的重要方向。尤其是青年人才保障性住房的一些重要指标要逐级考核，确保相关政策目标"刚性"落实到位。要坚持"一城一策、因城施策"原则，省内每个城市的青年人才住房问题表现不一、轻重不一，要从各地实际情况出发，根据人口规模及发展趋势将城市划分为不同等级，分类施策，提高青年人才安居工程的针对性和有效性。

四是多渠道推进住房保障一体化。要通过实物保障、货币补贴、住房服务、政策援助等方式，建立"租、售、补"一体化的青年人才安居体系。鉴于青年群体住房需求的多样性，要注重对青年住房需求的分类管理，提供有针对性的住房保障方案。要根据青年所处的不同人生阶段，基于住房满意度特征，建立分层分类的住房支持体系。例如，为应届毕业生提供租金补贴、合租支持等，为创新创业青年提供创业园区、人才公寓等住房支持，为由租到购的青年人才提供租金抵扣、购房优惠等支持。对于低收入青年人才，可以通过提供公共租赁住房或租金补贴等方式进行保障；对于中高收入青年人才，可以通过提供共有产权房或购房补贴等方式进行支持。还要支持刚性和改善性住房需求，通过发放住房消费券、降低首付比例、提供价格优惠、提高信贷额度、降低房贷利率等方式为青年人才提供购房补贴和信贷便利等支持，引导住房需求进一步释放。

6.2.4　加强住房租赁市场监管，保障青年人才租房权益

针对当前住房租赁市场乱象多、侵权多、交易行为不规范、矛盾纠纷多发等现状，必须加大监管治理力度，推动市场的规范化与透明化，确保住房租赁市场的公平与公正。

一是提高行业准入标准，完善市场监管体系。建立住房租赁从业登记和资格认证制度，设立行业准入负面清单和从业保证金制度。强化住房租赁信用管理，着力规范住房租赁企业和经纪机构行为。加大市场整顿力

度，加强部门联动，推行住房租赁网格化管理，建立多部门联合惩戒机制。对于扰乱市场秩序，侵害承租人权益的行为，要建立"黑名单"制度和惩罚机制，并定期曝光典型案例。规范住房租赁企业"租金贷"业务，提升租赁资金监管力度，对于不按规定缴交风险防控金的企业，要列入风险警示名单、记入企业诚信档案，切实保障承租人合法权益。

二是构建高效住房租赁信息服务平台。要推动各地特别是人口净流入多、租赁需求旺盛的城市建立全流程住房租赁管理信息平台，压实网络平台信息核验责任，实现住房租赁房源信息发布、实名认证、房屋核验、在线选房、在线交易、从业备案、信用评级、监测分析等功能，并与工商、社保、公安、公积金、医疗、教育等部门的数据平台打通，实现各部门信息共享、业务无差别全科受理和一站式办理。全面实行住房租赁合同网签备案制，探索推行租赁备案与公共服务挂钩管理机制。

三是建立租金调控机制，稳定租金水平。加强租金动态监测，住房租金快速上涨时，可采取限制租赁企业租金涨幅、查处哄抬租金行为等措施。热点城市可根据房屋区位、质量、最低工资等因素制定租金指导价。同时，参照物价指数、收入增长、住房维护成本等因素设置租金涨幅上限，确保青年人才的住房负担在可承受范围内。租金调控既要考虑承租人支付能力，也要兼顾出租人合理诉求。另外，租金管制要与租户保护相结合，切实保障原租户的优先续租权。

四是畅通维权申诉渠道。要建立健全维权申诉与矛盾纠纷处理机制，加强相关部门的协作，在青年人才遭遇住房侵权等问题时为其提供及时、有效的法律援助和行政支持。首先要明确责任部门，热点城市建议成立专门机构或工作专班。其次要完善维权申诉途径，通过设立举报热线电话、维权服务站、网上申诉平台等方式，建立多元化维权申诉渠道。再次要简化申请流程，优化纠纷处理程序，建立小额诉讼等快速解决机制，提升纠纷解决效率，降低维权门槛和各项成本。最后还要实施投诉处理公示制度，切实强化权益保护。

6.2.5　健全金融支持体系，减轻青年人才经济负担

一是健全青年住房金融支持体系。这一体系应当涵盖从住房贷款、分

期支付到住房信用担保等多个方面，以此满足不同青年人才的差异化需求，让他们在面对高昂的房价和租金时，能够以更经济、更合理、更灵活的方式解决住房问题。例如，可以通过提供担保、贴息等方式支持金融机构向青年人才提供长期低息住房贷款。通过给予资金支持、提供购房补贴等方式直接减轻青年人才住房经济压力。要进一步优化购房贷款政策，如根据恩格尔系数变化趋势，探索上调个人住房贷款还贷支出收入比，并根据青年人职业生涯收入特点，增加灵活还款机制，减轻其还贷压力。要实施更加优惠的税收政策，如减免个人所得税、降低房产税等，以进一步激发青年人才的购房热情。还要加大住房公积金支持力度，改进公积金缴付政策。现行的公积金政策在一定程度上减轻了市民的住房负担，但对于青年人才来说，缴付比例和上限仍有待提高。要允许在一定条件下提前支取公积金用于购房或租房，要探索实行住房公积金代际支持政策，还要实施灵活就业人员参加住房公积金制度，充分发挥住房公积金制度的优势，助力灵活就业青年安居稳业。

二是创新信贷产品和服务模式。随着科技的飞速发展和市场环境的日新月异，住房信贷产品和服务的创新模式也应运而生。要通过引入新技术、新理念为青年人才提供更加便捷、高效的住房金融服务。例如，推出专门针对青年人才的住房贷款产品，进一步降低贷款门槛和利率。利用大数据和人工智能技术，对青年人才的信用状况进行精准评估，为他们提供个性化的贷款方案。通过移动互联网平台，实现线上申请、审批、放款等一站式服务，提高金融服务的效率和便捷性。探索设立青年住房发展基金、住房储备金等，吸纳社会组织、企事业单位等社会力量和资源，搭建青年人才住房保障的社会协同支持机制。还要引导金融机构与住房公积金、住房补贴等保障机制相结合，为青年人才提供更加全面、多层次的住房金融支持。

三是鼓励金融机构进一步支持住房租赁市场建设。要拓宽多元化的投融资渠道，加大对租赁住房开发建设的信贷支持力度。进一步降低住房租赁行业税负，吸引更多的社会资本参与住房租赁市场的建设，并通过 RE-ITs、CMBs 等金融产品提高机构化租赁支持力度，解决企业融资问题。要创新团体批量购买租赁住房的信贷产品，并支持发放住房租赁经营性贷款。要积极引导金融机构为住房租赁相关企业提供综合性金融服务，并推动相关信贷产品和服务的创新。还要引导国有企业、龙头房企开展住房租赁业务，为市场提供良好示范。

四是加强住房金融风险管理。在加大金融支持力度的同时，必须加强对住房金融体系的管理和监督，遵循依法合规、风险可控、商业可持续的原则，确保满足各类住房主体的合理融资需求。要通过建立完善的风险防范机制，加强贷后管理，严禁为短视的投机性活动提供资金支持，严禁假借支持住房租赁之名为非租赁住房提供融资，并坚决防止住房金融产品被滥用于商业性房地产开发领域。金融机构要建立健全相关业务规范，强化合规性审核与风险评估，保证业务的审慎与合规。此外，还需构建住房金融的监测与评估体系，确保住房金融市场的健康稳定，为青年人才的住房需求提供坚实保障。

6.2.6　加强政策宣传，提振青年人才住房信心

一是加大住房保障政策宣传力度。加强政策宣传是提振青年人才住房信心的关键，政府应通过各种渠道，如媒体、网络、社区、学校等，广泛宣传住房政策，尤其是针对青年人才的各类住房保障政策，要让青年人才充分了解国家以及各地区的政策内容、目的和效果，提高政策在青年人才中的曝光率和感知度。同时，要完善政策制度公开渠道，让青年人才能够方便、及时、准确、低成本地获取各种住房信息，查阅各种住房政策及办事流程，避免因信息公开渠道、内容和方式的不透明、不公开、不友好而造成政策效果的衰减。

二是建立住房市场信息公开发布机制。政府应定期发布权威的住房市场报告，公开透明地向社会展示住房市场供求状况、价格走势、保障性住房供给计划等信息，帮助青年人才全面真实地了解当地住房市场的发展动态及趋势，避免因信息不对称或由于一些机构媒体夸大、扭曲住房市场真实情况，人为造成住房焦虑或恐慌，帮助青年人才形成稳定的住房预期，选择理性且适合自己的住房解决方案。

三是广泛听取青年人才的意见建议。进一步完善住房政策决策机制，

要经常性听取青年人才的意见，问计于民，积极搭建沟通与协商的枢纽桥梁，不断完善住房保障政策和服务，切实解决青年人才住房急难愁盼问题，让他们真实感受到政府的关心和支持。在地方治理中，要主动了解青年居民或租户的诉求，通过搭建沟通议事平台、成立"治理共同体"等方式建立青年市民参与机制，不断增强青年人才的获得感、归属感和幸福感。

第 7 章

研究结论与政策建议

7.1 研究结论

本书通过深入调查与实证分析对浙江青年人才居住水平、现实困境、住房行为、消费需求、障碍因素、策略选择等问题展开系统研究，得到以下主要研究结论。

（1）当前浙江青年人才数量持续增长，2019 年以来，全省累计引进青年人才近 500 万，每年新增住房需求约 70 万套，加上改善型需求，青年人才住房需求旺盛，市场潜力大。

（2）浙江青年人才以大学毕业 5 年内的新市民为主，年龄集中在 30 周岁以下，大部分尚未成家。从居住现状看，青年人才人均居住面积尚未达到国家小康标准，且呈现"城市越大，房子越小"的特征。买房仍是青年人才的主流需求，以租代购、租购并举的认同度逐步提升。有七成以上的青年人才坚持买房，近三成接受长期租房。热点城市青年人才初次购房平均年龄接近 30 岁，且城市能级越高购房年龄越大。住房消费呈阶梯式结构，逐步改善成为普遍选择。八成以上有换房打算，且年龄越大、收入越高，换房意愿越强烈。换房原因主要是为了改善居住环境、子女教育和结婚。

（3）随着时代的变迁、住房消费理念的转变、工作模式的变化、社交活动和业余爱好的多样化，青年人才在住房内容和形式上逐渐从传统的居家模式向独立、自由、开放和灵活的居住模式转变。他们渴望拥有独立的生活和私密的空间，关注住房的经济性、实用性和便利性，倾向于总价低、区位佳、环境好、配套完善、交通便利的住房。

（4）青年人才对居住品质的要求呈现多元化趋势，除满足生活起居的基本要求之外，还要具备办公、学习、社交聚会、休闲娱乐、健身运动、放松心情等功能。青年人才越来越重视精神层面的需求，社区文化、物业服务、邻里关系等软性条件同样受到他们的关注。他们对住房的室内空间有个性化的需求，渴望拥有属于年轻人的家居风格，期望科技感强、智能化的家居环境。

（5）青年人才住房满意度与房屋特征、区位特征、居住方式、价格特征和个体特征有关，其中，人均住房面积、居住环境、小区区位、通勤距离、生活配套设施显著影响住房满意度。影响程度较大的因素分别是人均住房面积、通勤距离和小区区位，说明与居住环境、配套设施、物业服务等软条件相比，青年人才住房满意度主要还是取决于房屋基本条件、职住平衡性等硬条件。

（6）从需求角度看，区位方面，近九成青年人才希望居住在城市。价格方面，大部分青年人才希望月租金控制在 3 000 元以内，购房预算控制在 300 万元以内。生活配套方面，需求比较集中的是地铁、公交、幼儿园、中小学、大型商场、超市、菜市场、医院、药店等设施。住房面积方面，大部分租房需求集中在人均 20～40 平方米之间，近六成的购房需求集中在 70～100 平方米之间。青年人才对通勤距离较为敏感，超过八成希望单程通勤时间控制在 30 分钟以内。青年人才最看重的环境特征分别是社区安全、环境卫生和自然条件。现阶段浙江青年人才在住房成本、人均住房面积、通勤距离、居住环境和小区区位等特征条件方面存在现实条件与预期的落差，其中，住房成本、住房面积、通勤距离这三项存在较大差距。

（7）从住房消费目的看，青年人才获取住房主要是为了满足基本居住需求，以落户、获取学区资格等住房权益为目的的青年人才更倾向于直接购房。超过七成的青年人才认为"住房是安身立命之本，是身份和能力的象征"，越认同该观点者越倾向于通过购房来解决住房问题。

（8）从住房行为看，浙江青年人才中购房群体年龄普遍大于一直租房和先租后购群体，且年龄越大越倾向于直接购房。相比于未婚青年，已婚青年人才购房意愿更强烈。受教育程度越高，越倾向于购买自有住房。相比于本省青年，来自外省的青年人才选择租房的比例更高。待业者租房比例较高，自主创业者购房比例较高。岗位层次越高，购房意愿与能力越强。工作越不稳定，工作变动概率越高，选择租房的可能性越大。

（9）从居住水平看，青年人才对居住现状满意度不高，满意度平均分为 3.123 分，持满意态度的仅占 1/3。统计显示，购房意愿与居住满意度呈现"U"型关系，对居住状态持满意和不满意态度的青年人才购房意愿更强烈，前者更关注权益和金融功能，后者更关注居住功能。

（10）浙江青年人才收支水平不高，住房消费能力有限。近一半年收入在 10 万元以内，近七成每月消费支出在 6 000 元以内。近九成青年人才对当前房价水平不满意，认为当前房价高于可支付水平。超过一半的青年人才认为未来房价还会上涨，青年人住房负担重。收支水平显著影响住房选择，收支水平越低越倾向于租房，收支水平越高越倾向于购房。2/3 的受访者表示解决住房问题需要依靠家庭的资助。父母援助力度越小，租房概率越高；援助力度越大，直接购房意愿越强烈。

（11）过半数青年人才对浙江发展环境持满意评价，超过六成计划在浙江长期生活并安家。对所在地区满意度越高，会加速青年人才的住房决策，购房的意愿越强烈。对未来居留意向越不明确者越倾向于租房。青年人才对当前的住房保障政策评价不高，持肯定性评价的仅占 1/3，另有近1/10 表示对政策不了解。统计发现，对政策评价越高者越倾向于购房，评价越低者越倾向于租房。

（12）影响住房消费选择的因素包括：住房消费目的、住房观念、年龄、教育程度、婚姻状况、籍贯、就业状态、岗位层次、工作变动意向、居住情况、居住满意度、收入水平、消费水平、住房支出、消费模式、父母经济援助、房价感知、地区满意度、居留意愿、住房政策评价。籍贯在本省、已婚、越认同"住房是安身之本"、年龄越大、受教育程度越高、工作越稳定、就业岗位越好、收支水平越高、家庭援助力度越大、对地区越满意、未来留浙意向越明确者越倾向于购房。反之，则越倾向于租房。选择购房的群体中，已婚、收入消费水平越高、家庭援助力度越大、对地区越满意，越倾向于直接购房。

（13）当前，浙江青年人才存在的住房问题和原因主要有以下方面。

一是收入水平较低，住房负担重。近年来浙江住房价格总体呈现稳步上涨态势，大部分城市房价收入比超过6倍，过半数青年人才置业月供收入比超过30%的国际标准线。

二是职住不平衡，居住质量欠佳。不少青年人才被迫居住在新城区、近郊区及城乡接合部，面临长时间通勤问题，有13%的人单程通勤时间超过60分钟。住在主城区的青年人才大部分选择二手房或出租房，这些房屋大多集中在老旧小区，年代久远，设施陈旧，配套不完善，安全隐患大，居住体验较差。

三是存在供求脱节或错配现象。户型上，青年人才需求集中在90平方米以下的中小户型，而市场上供给以中大户型为主。区位上，中心城区与周边新城区供不应求，远郊供大于求，城市商务区、地铁沿线、学校附近、产业园周边的住房需求旺盛，但适合青年居住的房源相对不足。价格上，目前市场上大部分是中高价位的高档住宅，不适合青年初次置业。

四是住房租赁市场不平衡不充分问题突出。主要表现在：第一，供给跟不上。建设用地供给不足，商改租、工改租进展缓慢，造成租赁住房建设跟不上需求的变化。第二，市场散户化特征明显。2017年以来浙江大力推进住房租赁市场建设，专业机构发展较快，但市场房源仍以个体房源为主。第三，市场不规范。部分机构发布虚假房源，一些长租机构存在店大欺客现象，"黑中介""二房东"随意缩短租期，违规贩卖租客信息，恶意克扣租金押金，甚至发生驱赶承租人等违法行为，影响青年人才的安居信心。第四，监管不到位。行业准入门槛低，租房企业仅需工商登记，无须向主管部门备案；资金监管不到位，存在"抓大放小"现象；监管机制不健全，成交信息未联网，日常检查停留在经营资格核验、流动人口登记等方面。第五，市民申诉维权渠道不畅，受害群众只能自认倒霉。

五是政策体系不完善。供给模式单一，市场参与不充分，保障性住房产品供给总量受限。准入条件高，未能覆盖全部困难的青年群体，非户籍青年、单身青年、普通青年人才等难以获得基本保障。政策宣传不到位，很多青年不了解相关政策，甚至对政策的公平性存在偏见。

7.2 政策建议

基于本书主要研究发现，针对浙江青年人才住房现实困境及发展需求，借鉴国内外先进治理经验，提出以下主要建议。

（1）增加有效供给，完善青年人才住房用地供应体系。青年人才规模大的城市，每年新增住宅用地供给中，要保证一定比例用于青年人才保障住房集中建设。城市产业园区、大学园区、商业商务集聚区，以及交通枢纽地区要加大专项用地供给。通过土地年租制等方式增加低成本用地的适度供应。灵活开展存量物业改造，允许闲置的工业用地、划拨用地等改建青年人才公寓。对于配套设施完善、交通便利或靠近产业园区的"非改居"项目，适度放宽改造要求。积极打造包括公共租赁房、共有产权房、限价房、人才公寓、周转房、旧改房等"多房并举"的青年人才住房保障体系。

（2）加快发展保障性租赁住房。加大建设规模，采取新建、改建、配建、盘活存量等方式，增加小户型、低租金住房供给。完善土地支持政策，允许利用企事业单位自有土地建设保障性租赁住房。提高产业园区配套用地面积占比上限，提高部分主要用于建设宿舍型保障性租赁住房。对符合规定的保障性住房项目给予资金补助。优化空间布局与基础设施配建，政策性住房应分布在交通便捷、配套完善、需求相对集中的位置。

（3）完善住房功能，提升居住品质。积极发展 SOHO 住宅、单身公寓、LOFT 公寓、酒店式公寓、青年公寓、共享住宿、未来社区等新兴的住宅产品。住房功能设计中，除了传统的生活起居功能外，还要具备社交、休闲、运动、娱乐、工作、学习等功能。装修风格要体现个性化、年轻化特征，并融入科技化、智能化元素。加强基础设施建设，完善大型商超、菜市场、地铁、公交、幼儿园、中小学、医院等生活配套。推进城市更新，切实解决老旧小区结构功能不全、设施陈旧、环境脏乱差等突出问题。加强社区管理，提升物业服务质量和邻里关系。

（4）合理引导需求，促进青年人才树立住房梯度消费理念。通过教育、宣传、舆论、文化影视作品等手段，改变"重买轻租"住房观念。加快培育专业化、品牌化的住房租赁运营机构，推动租住服务向精细化、多元化、品质化方向演进。鼓励运用互联网、AI、VR 等数字技术升级改造租赁服务和产品，提升青年人才租住体验。政府和媒体要加强宣传，各级学校和教育机构要加强对青年的财经教育，引导青年人才建立住房梯度消费体系，让他们学会根据自身经济状况、生活需求和价值观念来合理安排消费结构。

（5）推动落实租购同权。通过立法等手段积极推动租购同权落实落地，制定租赁权利清单，让青年人才在租房中可以享受与购房者在落户、子女就近入学、就业保障、基本医疗及公共卫生、养老、公共交通、公积金提取等方面同等的权利，真正实现租房和购房在城市公共服务上的平等待遇，让租房成为青年人才认可的生活方式。

（6）完善政策制度。制定更为详尽的住房保障法规，为青年人才住房保障提供法律支撑。健全住房租赁政策体系，加快出台浙江《住房租赁条例》，明确租赁住房建设、消防、安全、环保、配套设施等技术标准。优化准入条件，不断扩大青年住房保障受益面，将新就业且具备大学本科及以上学历的青年纳入住房保障的覆盖范围。将青年住房问题纳入城市发展重要事项，制定符合新型城镇化发展趋势和青年发展要求的"青年发展型城市"评价体系。坚持一城一策，从各地实际情况出发，制定青年安居工程，分类施策。

（7）多渠道推进住房保障一体化。通过实物保障、货币补贴、住房服务、政策援助等方式，建立"租、售、补"一体化的青年人才安居体系。加强分类管理，根据青年人才所处的不同人生阶段以及不同类型的需求，建立分层分类的支持体系。支持刚性和改善性需求，通过发放住房消费券、降低首付比例、提供价格优惠、提高信贷额度、降低房贷利率等方式为青年人才提供支持，引导住房消费需求进一步释放。

（8）加强住房租赁市场监管。提高行业准入标准，建立住房租赁从业登记和资格认证制度，设立行业准入负面清单和从业保证金制度。加大市场整治力度，建立多部门联合惩戒机制。对于扰乱市场秩序，侵害承租人权益的行为，要建立"黑名单"制度和惩罚机制。构建高效住房租赁信息服务平台，压实平台信息核验责任。全面实行住房租赁合同网签备案制，探索推行租赁备案与公共服务挂钩机制。建立租金调控机制，加强租金动态监测，热点城市可制定租金指导价，设置租金涨幅上限。建立健全维权申诉渠道和矛盾纠纷处理机制，切实维护青年人才的住房权益。

（9）健全青年住房金融支持体系。通过提供购房补贴、低息贷款、信用担保、贴息等方式减轻青年人才住房压力。优化住房贷款政策，根据青年职业生涯收入特点，增加灵活还款机制。实施更加优惠的税收政策，如减免个人所得税、降低房产税等。加大住房公积金支持力度，改进公积金缴付政策，探索公积金代际支持政策，允许提前支取公积金用于购房或租房。创新信贷产品和服务模式，推出针对青年人才的住房信贷产品，进一步降低贷款门槛和利率。利用大数据和人工智能技术提供个性化贷款方案，提高金融服务的效率和便捷性。探索设立青年住房发展基金、住房储备金等，搭建青年住房社会协同支持机制。加大对租赁住房开发建设的信贷支持力度，降低住房租赁行业税负，吸引更多的社会资本参与住房租赁市场建设。加强对住房金融体系的监管，确保住房金融市场的健康稳定。

（10）加强政策宣传。通过媒体、网络、社区、学校等渠道广泛宣传住房政策，让各类青年人才充分了解国家以及各地方的政策内容。建立住房市场信息公开发布机制，定期发布权威的住房市场报告，帮助青年人才形成稳定的住房预期。完善住房政策决策机制，主动了解青年居民或租户的诉求，经常性听取青年人才的意见，通过搭建沟通议事平台、成立"治理共同体"等方式建立青年市民参与机制，不断提振青年人才住房信心。

参考文献

［1］巴曙松，等．保障房制度建设：国际经验及中国的政策选择［J］．财政研究，2011（12）.

［2］包晶晶，微领地集团 CEO 周君强．住房租赁行业刚刚起步长租公寓盈利链条很长［N］．每日经济新闻，2023－12－28（005）.

［3］包宇．基于共享居住模式的青年群体居住建筑公共空间设计研究［D］．大连理工大学，2020.

［4］卞继雯．完善租赁住房保障体系破解新市民住房问题［J］．商业文化，2021，（21）：28－29.

［5］曹莹．城市青年租房居住环境设计探讨［J］．明日风尚，2018（6）：6.

［6］曹勇．青年群体居住需求和住宅设计研究［D］．西安建筑科技大学，2010.

［7］陈光金．不仅有"相对剥夺"，还有"生存焦虑"——中国主观认同阶层分布十年变迁的实证分析（2001—2011）［J］．黑龙江社会科学，2013（5）：76－88.

［8］陈杰．城市居民住房解决方案：理论与国际经验［M］．上海：上海财经大学出版社，2009.

［9］陈杰．租住家庭占比、租房供应主体与房价［J］．统计研究，2018（7）.

［10］陈科比，甘霖，徐勤政，等．青年发展型城市建设的空间需求与规划响应——以北京高校毕业生择城落脚观察为例［J］．规划师，

2024，40（1）：25－33.

[11] 陈雪波，卢志坤. 租赁住房规范性提升多地推动租购同权落地 [N]. 中国经营报，2022（11）.

[12] 陈宇，鄢文博. 关注青年群体金融服务需求 [J]. 中国金融，2024（1）：103.

[13] 戴炜. 住房租赁契约管制研究 [M]. 北京：中国社会科学出版社，2017.

[14] 丁淑娟，朱亚鹏. 改革开放以来城市青年住房政策的演变及其动力机制研究——基于社会建构的视角 [J]. 青年探索，2022（4）：26－38.

[15] 董纪昌. 房地产市场分化背景下的市场间风险传染研究 [J]. 系统科学与数学，2019（10）.

[16] 杜园春. 两会住房议题过半受访者期待明确保障性租赁住房申请标准和流程 [N]. 中国青年报，2024（4）.

[17] 段莉群，龚昌华. 我国青年住房困境的现实审视与路径分析 [J]. 北京城市学院学报，2023（6）：34－38＋56.

[18] 范一鸣. 住房流动、父代资助与青年群体的阶层分化——基于北上广青年群体的实证分析 [J]. 中国青年研究，2020（8）：43－50.

[19] 方可. 探索北京旧城居住区有机更新的适宜途径 [D]. 北京：清华大学，2000.

[20] 方铭，何华珍. 青年保障性租赁住房需求意愿及对策研究——以青岛市为例 [J]. 居舍，2024（2）：134－137＋141.

[21] 风笑天. 家安何处：当代城市青年的居住理想与居住现实 [J]. 南京大学学报，2011（1）：73－81.

[22] 高波. 预期、投机与中国城市房价泡沫 [J]. 金融研究，2014（2）.

[23] 宫起舞. 基于群体需求的青年公寓空间设计研究 [D]. 济南：山东建筑大学，2017.

[24] 郭小弦，周星辰. 住房产权与青年群体的阶层认同：三种效应的检验 [J]. 中国青年研究，2023（3）：57－66.

[25] 韩颖. 西安市青年群体公租房及其居住环境设计研究 [D]. 咸

阳：西北农林科技大学，2022.

［26］郝梦馨. 需求视角下北京"蚁族"住房问题研究［D］. 天津：河北工业大学，2015.

［27］郝晓艳. 基于郑州青年群体过渡性需求的小户型空间设计研究［D］. 郑州：中原工学院，2017.

［28］何岚，聂晨. 青年群体住房自有偏好的形成研究——以"六个钱包"支持购房为例［J］. 青海民族研究，2021，32（3）：174－178.

［29］胡吉亚. 以供给侧结构性改革保障青年群体"住有所居"——以北京市保障性住房为例［J］. 中国青年社会科学，2017，36（2）：58－63.

［30］胡荣. 主观社会经济地位与城市居民的阶层认同［J］. 黑龙江社会科学，2014（5）：90－96.

［31］黄燕芬. 建立我国住房租赁市场发展的长效机制［J］. 价格理论与实践，2017（10）.

［32］霍子文，李亚洲，贺辉文，等. 青年发展型城市的空间响应与规划策略——以东莞为例［J］. 规划师，2024，40（1）：17－24.

［33］贾生华. 构建房地产市场健康发展长效机制［J］. 浙江经济，2017（12）.

［34］蒋知瞳，张宏纬，陆连红，等. 面向青年就业人群的住房供应体系研究——以未来雄安新区为例［J］. 上海房地，2021（3）.

［35］矫瑜书. 基本公共服务均等化视角下中国保障性住房制度研究［D］. 大连：辽宁师范大学，2020.

［36］解决青年群体住房困难！河南发文加快发展保障性租赁住房［J］. 河南省人民政府公报，2022（5）：40.

［37］况伟大. 房价波动、房贷规模与银行资本充足率［J］. 金融研究，2017（11）.

［38］雷开春. 青年白领社会焦虑现象的本质：中产地位身份威胁［J］. 江苏行政学院学报，2014（5）：61－69.

［39］雷开春. 青年人的阶层地位信心及其影响因素［J］. 青年研究，2015（4）：1－9，94.

［40］雷雪琦. 基于青年群体的经济性住宅的空间模式研究［J］. 城

市建筑，2019，16（10）：56 - 58.

［41］李斌．中国社会分层研究的新视角——城市住房权利的转移
［J］．探索与争鸣，2010（4）：41 - 45.

［42］李会明．面向青年群体长租公寓行业发展研究［D］．天津：天
津科技大学，2020.

［43］李娟，赵航，肖凡，等．大城市青年群体租房现状研究——基
于线上问卷调查的分析［J］．才智，2022（14）：143 - 145.

［44］李敏，陈党．青年人居住满意度提升策略研究——以常州市为
例［J］．房地产世界，2024（1）：7 - 11.

［45］李巧玲．甘肃省青年群体居住满意度实证调查研究［J］．开发
研究，2022（5）：147 - 155.

［46］李扬，汪利娜，殷剑峰．普遍住房保障制度比较和对中国的启
示［J］．财贸经济，2008（1）.

［47］李玉菁，刘伟，郭永圣．赣州市青年群体住房困难解决方案
［J］．合作经济与科技，2022（8）：180 - 181.

［48］林楠，黄丽萍，谢文珺．基于利益相关者理论的青年住房政策主
体关系研究——以广东"青年安居计划"为例［J］．中国青年研究，2024
（1）：28 - 35.

［49］林芸，宋志书．住房保障"遂心"实事托起稳稳的幸福［N］.
银川日报，2024 - 01 - 15（001）.

［50］刘洪玉．租房人权益将更有保障［N］．人民日报，2016 -
06 - 04.

［51］刘精明．阶层化：居住空间、生活方式、社会交往与阶层认
同——我国城镇社会阶层化问题的实证研究［J］．社会学研究，2005
（3）：52 - 81.

［52］刘双良，赵晓霞．大城市青年保障性租赁住房居住满意度及其
影响因素研究——基于天津市保障性住房租赁居住满意度调查数据的分析
［J］．价格理论与实践，2024（5）：1 - 5.

［53］刘霞，白雪．努力解决新市民年轻人住房难题［N］．新华日报，
2022 - 04 - 08（001）.

［54］刘霞．低租金高品质，成就青年舒心港湾［N］．新华日报，2023－12－03（002）．

［55］刘昕，石文楠．多主体联动创新推动"非改租"保障性租赁住房落地探索——以广州 YOU＋继园东"非改租"项目为例［J］．住宅产业，2022（8）：36－39．

［56］刘旭阳，金牛．城市"抢人大战"政策再定位——聚焦青年流动人才的分析［J］．中国青年研究，2019（9）：47－53．

［57］刘旸，李艺琳．存量空间改造为租赁住房的京深实践［J］．北京规划建设，2022（3）：145－152．

［58］刘哲．基于既有建筑利用的连锁租赁青年公寓空间配置研究［D］．南京：东南大学，2015．

［59］刘祖云．中国城市住房分层研究报告［M］．广州：中山大学出版社，2017．

［60］陆杰华，张依芸．建设青年发展型城市让城市与青年"同频共振"［J］．人口与健康，2023（12）：27－30．

［61］路德旺．基于青年群体需求的既有住宅公寓式改造研究［D］．河北工程大学，2019．

［62］吕红星．保障性租赁住房正成为青年"筑巢"的金钥匙［N］．中国经济时报，2021（3）．

［63］罗诗勇．基于城中村视角下的青年群体长租公寓改造设计研究［D］．深圳：深圳大学，2017．

［64］马金言．"乐业"遇上"安居"一场人与城的"双向奔赴"多措并举满足新市民青年人安居宜居需求［J］．中华建设，2024（2）：3－4．

［65］马玲．青年住宅问题研究［J］．西部皮革，2017，39（10）：192．

［66］毛劲松．加快建设青年发展型城市推动大美宝坻与有为青年双向奔赴、共同成长［J］．中国共青团，2024（6）：8－9．

［67］孟甜．城市青年群体居住需求研究［J］．科学中国人，2016（3）：155．

［68］闵学勤．空间拜物：城市青年住房消费的仪式化倾向［J］．中国青年研究，2011（1）：36－41．

[69] 倪鹏飞. 中国经济空间的新格局：基于城市房地产视角 [J]. 中国工业经济，2017（5）.

[70] 聂伟，风笑天. 空巢又空心? ——"空巢青年"的生存状态分析与对策 [J]. 中国青年研究，2017（8）：57 – 63.

[71] 潘璠，叶剑，张蕾. 常州市住房公积金："三个强化"绽放青年光芒 [J]. 城乡建设，2023（22）：68 – 69.

[72] 秦虹. 标本兼治推进房地产供给侧改革 [J]. 理论视野，2016（8）.

[73] 屈家琦. 一线城市青年群体小户型住宅适应性设计研究 [D]. 广州：广东工业大学，2020.

[74] 深圳市：践行"住有宜居"打造青年宜居社区创新样板——利用规模化租赁改造的城中村房源筹集保障性租赁住房案例 [J]. 城乡建设，2022（18）：37 – 38.

[75] 沈皓彬. "十四五"时期上海租赁住房发展的趋势特征——基于规划纲要的分析研究 [J]. 上海房地，2021（7）：13 – 16.

[76] 石忆邵，钱世芳. 上海人才住房政策：新定位与新策略 [J]. 同济大学学报（社会科学版），2017，28（3）：59 – 65.

[77] 宋程. 青年住房问题研究——基于长三角城市群青年民生调查的分析 [J]. 青年学报，2020（1）：27 – 33.

[78] 宋景景. 城市青年群体集中式长租公寓空间设计研究 [D]. 天津：天津美术学院，2020.

[79] 宋明星. 基于城市关联性的保障性住房发展历程与设计策略研究 [D]. 长沙：湖南大学，2016.

[80] 宋晓华. 供给主体多元化城市青年可以这样住 [N]. 新华日报，2022 – 11 – 04（005）.

[81] 宋晓雨. "青年优居计划"全链条保障"安居梦" [N]. 联合日报，2024（3）.

[82] 隋智. 太原市青年群体住房租赁意愿影响因素及需求特征研究 [D]. 山西财经大学，2022.

[83] 唐海源. 集约理念视角下的青年公寓套型模块化设计研究 [D].

成都：西南交通大学，2016.

[84] 陶雪良，刘洪玉. 城市公共住房政策的起因与归结 [J]. 财政研究，2008 (9).

[85] Vlasiuk, Daria. 圣彼得堡青年群体住房租购选择影响因素研究 [D]. 武汉：华中师范大学，2020.

[86] 王慧. 城市青年共享居住建筑中公共空间的设计策略研究 [D]. 广州：华南理工大学，2022.

[87] 王金枝，张燕. 托起新市民青年群体"安居梦" [N]. 太行日报，2024 (3).

[88] 王丽艳，柏彬，陈鹏. 城市青年住房资源获得：先赋与后致 [J]. 当代青年研究，2021 (1).

[89] 王琼. 住房保障惠民生圆了群众安居梦 [N]. 西宁晚报，2023 - 12 - 17 (A04).

[90] 王宛艺. 构建阶梯式青年住房支持体系 [N]. 文汇报，2024 (2).

[91] 王微微，张鲁青. 面向青年群体的共有产权房制度设计——基于国外经验及中国政策选择 [J]. 中国青年社会科学，2019，38 (5)：77 - 84.

[92] 王先柱，王敏. 青年群体住房获得：阶层固化能够打破吗 [J]. 财经科学，2018 (1)：54 - 63.

[93] 王业强. 当前青年住房扶持政策的问题及建议 [J]. 北方工业大学学报，2022 (3).

[94] 王业强，李豫. 当前青年住房扶持政策的问题及建议 [J]. 北方工业大学学报，2022，34 (3)：94 - 101.

[95] 王振坡. 住房消费需求、投资需求与租买选择差异研究 [J]. 城市发展研究，2018 (5).

[96] 吴建永. 基于南昌市青年群体居住需求的小型公寓空间设计研究 [D]. 南昌：南昌大学，2019.

[97] 吴义东，查远远，张伦. 南京都市圈青年人住房问题调查研究——建立面向都市圈一体化的住房制度体系 [J]. 中共南京市委党校学报，2024 (1)：79 - 89.

[98] 吴义东，王先柱. 青年群体住房租买选择及其购房压力研究

[J]．调研世界，2018（4）：13－21．

[99] 厦门经济特区鼓励台湾青年来厦就业创业若干规定［N］．厦门日报，2023－12－28（B05）．

[100] 谢海生．我国住房租赁市场的主要问题及原因分析［J］．中国房地产，2018（7）．

[101] 谢育珊．青年群体社会分化视角下大城市青年住房难问题研究［D］．天津：天津商业大学，2022．

[102] 邢婷．山东：青年安居梦政府心头事［N］．中国青年报，2024（1）．

[103] 徐振强，李有增，董振国，等．基于智慧城市思维构建青年发展型城市评价体系［J］．中国名城，2020（8）．

[104] 许克松，罗亮，李泓桥．"一直在路上"：城市青年极端通勤的困局与破局之策［J］．中国青年研究，2024（1）：54－61．

[105] 阎婧，席枫，杨中．房住不炒背景下青年住房租赁问题研究——以天津市为例［J］．上海房地，2022（1）：40－43．

[106] 杨磊．城市青年住宅——小户型住宅设计初探［D］．西安：西安建筑科技大学，2004．

[107] 杨琪琪．配置房源3000余套，青岛推进"优徕青年社区"［N］．青岛日报，2024－01－10（008）．

[108] 姚玲珍．德国社会保障制度［M］．上海：上海人民出版社，2011．

[109] 姚玲珍．新时代住房供应如何契合租购群体的差异化需求？［J］．财经研究，2019（1）．

[110] 姚遥，李娟，赵航，等．大城市青年群体购房现状调查［J］．合作经济与科技，2022（8）：95－97．

[111] 叶剑平，李嘉．完善租赁市场：住房市场结构优化的必然选择［J］．贵州社会科学，2015（3）：116－122．

[112] 于淼，吕萍．城市青年住房现状、问题及对策研究——基于天津市青年群体的调查分析［J］．现代管理科学，2019（10）：118－120．

[113] 于兴正．丹东市青年群体购房意愿及影响因素分析［D］．南

京：南京审计大学，2022．

[114] 虞晓芬．城镇化、城乡差距与中国经济的包容性增长 [J]．数量经济技术经济研究，2018 (4)．

[115] 袁韶华，年立辉，葛静静，等．租购并举政策背景下青年群体房屋租购意愿及行为经济学解读 [J]．工程经济，2020，30 (3)：73 - 76．

[116] 张广利．非正义化与找回社会：空间城市化中社会风险质变研究 [J]．吉首大学学报，2018 (2)：89 - 95．

[117] 张海东．住房与城市居民的阶层认同——基于北京、上海、广州的研究 [J]．社会学研究，2017 (5)：39 - 63．

[118] 张俊超．大学场域的游离部落 [D]．武汉：华中科技大学，2008．

[119] 张文兵，王凯，李茜，等．落脚城市：面向新就业青年的保障性租赁住房供给研究 [J]．价格理论与实践，2023 (10)：32 - 37．

[120] 张文宏．住房问题与阶层认同研究 [J]．江海学刊，2013 (4)：91 - 100．

[121] 张雪颖．家庭资本对青年群体阶层认同的影响研究 [D]．天津：天津理工大学，2023．

[122] 赵丽梅．重点解决青年群体住房问题 [N]．中国青年报，2021 (5)．

[123] 赵腾．城市青年住房问题的探索 [J]．中外企业家，2015 (23)：211．

[124] 中规院上海分院．青年更有为，城市更友好——关于青年发展型城市研究探索 [J]．规划中国，2022 (4)．

[125] 钟婧华．深圳青年群体职住关系及影响因素研究 [C] //中国城市规划学会，成都市人民政府．面向高质量发展的空间治理——2020 中国城市规划年会论文集（13 规划实施与管理）．深圳：深圳大学，2021．

[126] 朱庄瑞，王玉廷．大城市青年住房产权稳定性研究：理论分析、实践探索与提升路径 [J]．经济问题，2021 (5)．

[127] 祝越，苏展，王宛艺．多措并举，兜起青年们一个个"安居梦" [N]．文汇报，2023 - 12 - 04 (011)．

[128] Alex Schwartz. The credit crunch and subsidized low-income hous-

ing: the UK and US experience compared [J]. Journal of Housing and the Built Environment, 2011, 26 (3): 353 – 374.

[129] Bitna K, A Systematic Review of Public Housing, Poverty (De) Concentration, and Risk Behaviors: What About Youth? [J]. Trauma, violence & amp, abuse, 2020, 23 (1).

[130] Brett Christophers. Intergenerational Inequality? Labour, Capital, and Housing Through the Ages [J]. Antipode, 2018 (1): 101 – 121.

[131] Carla J. H. A silent shift? The precarisation of the Dutch rental housing market [J]. Journal of Housing and the Built Environment, 2016 (1).

[132] Cassy N. The Loddon Mallee youth and public housing research project [J]. Parity, 2005, 18 (6): 22 – 22.

[133] Chen J. Assessing Housing Affordability in Post——Reform China [J]. Housing Studies, 2010, 25 (6).

[134] Chen, Jie and Cecilia Enstrom. Housing Allowance and Recipient's Homeownership: Evidence from a Panel Study in Sweden [J]. Housing Studies, 2005, 20 (4): 605 – 625.

[135] Clark V, Tuffin K. Shared Housing and Young Adults: Examining successful dynamics and negative stereotypes [M]. Taylor and Francis, 2022 – 08 – 04.

[136] Crews C A, Olsen E. Are section 8 housing subsidies too high [J]. Journal of Housing Economics, 2002 (11): 214 – 243.

[137] Crook T, et al. New housing association development and its potential to reduce concentrations of deprivation [J]. Urban Studies, 2018.

[138] David Clapham. Housing Pathways: A Post Modern Analytical Framework [J]. Housing, Theory and Society, 2002 (2): 57 – 68.

[139] DeLuca S. Switching Social Contexts: The Effects of Housing Mobility and School Choice Programs on Youth Outcomes [J]. Annual Review of Sociology, 2009, 35 (1): 457 – 491.

[140] Developing a Coordinated Youth Housing Stability Program for Juvenile Courts [J]. Cityscape, 2018, 20 (3): 117 – 138.

[141] Escobedo P, Gonzalez D K, Kuhlberg J, et al. Community Needs Assessment among Latino Families in an Urban Public Housing Development [J]. Hispanic Journal of Behavioral Sciences, 2019, 41 (3): 344 – 362.

[142] Evaluation and Program Planning. Recent Studies from University of Houston Add New Data to Evaluation and Program Planning (Barriers and facilitators to shelter utilization among homeless young adults) [J]. Science Letter, 2015.

[143] Farraz A M, Barus S L. Housing Preferences and Choice Young Families Commuters in Depok City, Indonesia [J]. IOP Conference Series: Earth and Environmental Science, 2019, 264 (1): 012010 (6pp).

[144] Gallo L J, L'Horty Y, Petit P. Does enhanced mobility of young people improve employment and housing outcomes? Evidence from a large and controlled experiment in France [J]. Journal of Urban Economics, 2017, 97: 1 – 14.

[145] Gibb, K. Trends and Change in social Housing Finance and Provision within the European Union [J]. Housing studies, 2010, 17 (2): 325 – 336.

[146] Grigsby W, Bourassa S. Section 8: The time for fundamental program change [J]. Housing Policy Debate, 2004, 15 (4) : 805 – 834.

[147] Hoolachan J. 'Generation rent' and the ability to 'settle down': economic and geographical variation in young people's housing transitions [J]. Journal of Youth Studies, 2017, 20 (1): 63 – 78.

[148] Hoolachan J, McKee K, Moore T, et al. "Generation rent" and the ability to "settle down": economic and geographical variation in young people's housing transitions [J]. Journal of Youth Studies, 2017, 20 (1): 63 – 78.

[149] Hunter M K. Purpose-built rental housing and household formation among young adults in Canadian cities, 1991 – 2016 [J]. Housing Studies, 2020, 36 (10): 1 – 34.

[150] Huy L, Lynn R. Youth-centered Recommendations to Address So-

cial Stigma and Discrimination Against Unhoused Youth: An Integrative Literature Review [J]. The Journal of school nursing: the official publication of the National Association of School Nurses, 2023.

[151] Ivan Szelenyi. Housing inequalities and occupational segregation in state socialist cities: commentary to the special issue of IJURR on east European cities [J]. International Journal of Urban and Regional Research, 1987 (1): 1 – 8.

[152] J MC, Jedediah M, Lyn A, et al. Can't do it alone: housing collaborations to improve foster youth outcomes [J]. Child welfare, 2004, 83 (5): 469 – 92.

[153] John B. Developing service responses to youth homelessness [J]. Parity, 2005, 18 (6): 7 – 8.

[154] John Doling, Richard Ronald. Housing East Asia: Socioeconomic and Demographic Challenges [M]. New York: Palgrave Macmillan, 2014.

[155] Katherine M, Narayan S. Using the Panel Study of Income Dynamics To Analyze Housing Decisions, Dynamics, and Effects [J]. Cityscape (Washington, D. C.), 2016, 18 (1): 185 – 199.

[156] Kim Y D, Choi S B, Park O K, et al. A Study on the Enactment of Planning and Management Guidelines of "Shared Public Support Private Rental Housing" for the Young People [J]. Journal of the Korean housing association, 2020, 31 (3): 33 – 47.

[157] Li D, Xie C, Chen S, et al. Research on the Pricing of Shared Ownership Housing [J]. Applied Economics and Finance, 2018, 6 (1): 30 – 44.

[158] Loretta Lees, Hyun Bang Shin, Ernesto López-Morales. Planetary Gentrification [M]. Cambridge: Polity, 2016.

[159] Manuel Aalbers, Brett Christophers. Centring Housing in Political Economy [J]. Housing, Theory and Society, 2014 (4): 373 – 394.

[160] Marek B, Janusz S, Dominik M, et al. Buying vs. Renting a Home in View of Young Adults in Poland [J]. Land, 2021, 10 (11): 1183.

[161] Maria Laura Ruiu. The Social Capital of Cohousing Communities

[J]. Sociology, 2016 (2): 400 –415.

[162] Memcsjhjwd. The changing determinants of homeownership amongst young people in urban China [J]. International Journal of Housing Policy, 2016, 16 (2): 201 –222.

[163] Meryl B, John E, Stephen G. Housing first for youth in Ottawa: A making the shift demonstration project [J]. Parity, 2018, 31 (10): 48 –49.

[164] Meryn S, Damian C. Young Adults' Perceptions of Life-Course Scripts and Housing Transitions: An Exploratory Study in Edmonton, Alberta [J]. Housing, Theory and Society, 2020, 37 (2): 214 –229.

[165] Michal R, et al. Does the rental housing market stabilize the economy? A micro and macro perspective [J]. Empirical Economics, 2019 (12).

[166] MilicJ, Zhou J. Residential satisfaction among young people in post-socialist countries: the case of Serbia [J]. Journal of Housing and the Built Environment, 2018, 33 (4): 715 –730.

[167] Mkljscybcc. The anticipated housing pathways to homeownership of young people in Hong Kong [J]. International Journal of Housing Policy, 2016, 16 (2): 223 –242.

[168] Munson R M, Stanhope V, Small L, et al. "At times I kinda felt I was in an institution": Supportive housing for transition age youth and young adults [J]. Children and Youth Services Review, 2017, 73: 430 –436.

[169] Opit S, Witten K, Kearns R. Housing pathways, aspirations and preferences of young adults within increasing urban density [J]. Housing Studies, 2020, 35 (1): 123 –142.

[170] Ray Forrest, Ngai-ming Yip. Young People and Housing: Transitions, trajectories and generational fractures [M]. New York: Routledge, 2013.

[171] Revington N. Pathways and Processes: Reviewing the Role of Young Adults in Urban Structure [J]. The Professional Geographer, 2018, 70 (1): 1 –10.

[172] R M H, R D P, Christine C, et al. Correction: Opportunities and Challenges to Linkage to Housing in the Context of a Sexual and Reproductive Health

Program for Youth Experiencing Homelessness [J]. Prevention science: the official journal of the Society for Prevention Research, 2023, 25 (1): 205 –205.

[173] Rolnik, et al. The financialization of homeownership and housing rights [J]. International Journal of Urban and Regional Research, 2013 (3).

[174] Sheryl G, Robert S, Ashley W, et al. Endaayaang: An indigenous-led approach to housing first for youth [J]. Parity, 2018, 31 (10): 50 –51.

[175] Öst E C, Wilhelmsson M. The long-term consequences of youth housing for childbearing and higher education [J]. Journal of Policy Modeling, 2019, 41 (5): 845 –858.

[176] Stefania S M B. House sharing amongst young adults in the context of Mediterranean welfare: the case of Milan [J]. International Journal of Housing Policy, 2016, 16 (2): 184 –200.

[177] Stephen G, Lauren K, Ashley W. Better measurement, better outcomes: Housing first for youth in Canada [J]. Parity, 2018, 31 (10): 46 –47.

[178] Stephen Malpezzi, Kerry Vandell. Does the low-income housing tax credit increase the supply of housing? [J]. Journal of Housing Economics, 2002, 11 (4): 360 –380.

[179] Tracy I. Youth homelessness and transitional housing [J]. Parity, 2015, 28 (9): 90 –91.

[180] Vicky C. Managing Conflict in Shared Housing for Young Adults [J]. New zealand Journal of Psychology, 2020, 49 (1): 4 –13.

[181] Wilhelmsson M. The long-term consequences of youth housing for childbearing and higher education [J]. Journal of Policy Modeling, 2019, 41 (5): 845 –858.

[182] William Clark, Youqin Huang. The Life Course and Residential Mobility in British Housing Markets [J]. Environment and Planning A: Economy and Space, 2003 (2): 323 –339.

[183] Zhu D, Xiaodong L. The Effects of Housing Push Factors and Rent Expectations on Household Formation of Young Adults [J]. The Journal of Real Estate Research, 2006, 28 (2): 149 –166.

浙江省青年人才住房现状与
需求特征调查问卷

先生/女士:

您好! 我是浙江工业大学《浙江省青年人才住房现状与需求特征》课题组成员, 为了解我省青年人才居住现状与需求, 以便为政府完善相关政策提供事实依据, 现向您做问卷调查。感谢您抽出宝贵的时间参与调研, 请您根据自身情况如实填写问卷。在此承诺, 我们将会对问卷所涉及的所有信息严格保密, 仅用于学术研究。

一、基本情况

1. 您的性别:

A. 男　B. 女

2. 您的年龄:

A. 18~23 岁　B. 24~29 岁　C. 30~35 岁　D. 35 岁以上

3. 您的学历:

A. 本科以下　B. 本科　C. 硕士　D. 博士及以上

4. 您的户口登记地:

A. 省内-杭州　B. 省内-其他　C. 省外

5. 第 4 题如选 B 或 C, 您是否有领取《浙江省居住证》:

A. 是　B 否

6. 您的婚姻情况:

A. 未婚　B. 已婚　C. 离异或丧偶

7. 您工作的行业:

A. 市政服务类（公交 环卫 地铁 协警 协管 社工 其他）

B. 普通服务类（物管 家政 快递 餐饮娱乐 建筑 其他）

C. 制造业类（机械 纺织 食品 药品 化工 电子 建材 其他）

D. 其他

8. 您在杭州工作多长时间：

A. 1 年以内　B. 1~3 年　C. 3~5 年　D. 5 年及以上

9. 您目前工作所在城区：

A. 上城区　B. 拱墅区　C. 西湖区　D. 滨江区　E. 萧山区

F. 富阳区　G. 临安区　H. 临平区　I. 余杭区　J. 钱塘区

10. 您的个人/家庭人均月收入：

A. 2 000 元以下　B. 2 000~4 000 元　C. 4 000~6 000 元

D. 6 000~8 000 元　E. 8 000~10 000 元　F. 10 000 元及以上

二、住房情况

11. 现在您的居住方式：

A. 购买　B. 租赁

12. 第 11 题如选 A，您购买的住房价格（套）：

A. 50 万元以下　B. 50 万~100 万元　C. 100 万~150 万元

D. 150 万~200 万元　E. 200 万~250 万元　F. 250 万~300 万元

G. 300 万元及以上

13. 第 11 题如选 B，您目前需开支的月租金：

A. 1 000 元以下　B. 1 000~2 000 元　C. 2 000~3 000 元

D. 3 000~4 000 元　E. 4 000~5 000 元　F. 5 000 元及以上

14. 第 11 题如选 B，您房屋租金占月收入的比例：

A. 10% 以下　B. 10%~20%　C. 20%~30%　D. 30%~40%

E. 40%~50%　F. 50% 以上

15. 第 11 题如选 B，您的工作单位是否给予住房租赁补贴：

A. 是　B. 否

16. 您目前居住的住房所在城区：

A. 上城区　B. 拱墅区　C. 西湖区　D. 滨江区　E. 萧山区

F. 富阳区　G. 临安区　H. 临平区　I. 余杭区

17. 您现在的人均住房面积：

A. 20 平方米以下　　B. 20 ~ 40 平方米　　C. 40 ~ 60 平方米

D. 60 ~ 80 平方米　　E. 80 ~ 100 平方米　　F. 100 平方米以上

18. 您从居住地到上班点的交通通勤需要的时间（单趟）：

A. 15 分钟内　　B. 15 ~ 30 分钟　　C. 30 ~ 45 分钟　　D. 45 ~ 60 分钟

E. 大于 60 分钟

三、住房满意度及其影响因素

19. 您对现在住房的综合（总体）满意度：

A. 不满意　　B. 不太满意　　C. 一般　　D. 较满意　　E. 非常满意

20. 您对现在住房人均住房面积的满意度：

A. 不满意　　B. 不太满意　　C. 一般　　D. 较满意　　E. 非常满意

21. 您对现在住房物业管理服务的满意度：

A. 不满意　　B. 不太满意　　C. 一般　　D. 较满意　　E. 非常满意

22. 您对现在住房居住环境的满意度：

A. 不满意　　B. 不太满意　　C. 一般　　D. 较满意　　E. 非常满意

23. 您对现在住房小区区位的满意度：

A. 不满意　　B. 不太满意　　C. 一般　　D. 较满意　　E. 非常满意

24. 您对现在住房上下班所需通勤距离（单趟）的满意度：

A. 不满意　　B. 不太满意　　C. 一般　　D. 较满意　　E. 非常满意

25. 您对现在住房周边配套设施的满意度：

A. 不满意　　B. 不太满意　　C. 一般　　D. 较满意　　E. 非常满意

四、住房需求期望及建议

26. 您对住房人均住房面积的需求：

A. 小　　B. 较小　　C. 一般　　D. 较大　　E. 大

27. 您对住房物业管理服务的需求：

A. 小　　B. 较小　　C. 一般　　D. 较大　　E. 大

28. 您对住房居住环境的需求：

A. 小　　B. 较小　　C. 一般　　D. 较大　　E. 大

29. 您对住房小区区位的需求：

A. 小　　B. 较小　　C. 一般　　D. 较大　　E. 大

30. 您对住房上下班所需通勤距离（单趟）的需求：

A. 小　B. 较小　C. 一般　D. 较大　E. 大

31. 您对住房周边配套设施的需求：

A. 小　B. 较小　C. 一般　D. 较大　E. 大

32. 您希望自己的人均住房面积：

A. 20 平方米以下　B. 20~40 平方米　C. 40~60 平方米

D. 60~80 平方米　E. 80~100 平方米　F. 100 平方米以上

33. 您会选择哪种交通工具作为上下班的方式：

A. 步行　B. 自行车　C. 电瓶车　D. 地铁

E. 公交车　F. 出租车　G. 网约车　H. 自驾车

34. 您希望从居住地到上班点所需的交通通勤距离（单趟）：

A. 15 分钟内　B. 15~30 分钟　C. 30~45 分钟　D. 45~60 分钟

E. 大于 60 分钟

35. 您认为住房周边最需要配备的配套设施：

A. 商超设施　B. 娱乐设施　C. 医疗设施　D. 教育设施　E. 其他

36. 第 11 题如选 A，您自己愿意支出（认为的可承受的）的住房价格（套）：

A. 50 万元以下　B. 50 万~100 万元　C. 100 万~150 万元

D. 150 万~200 万元　E. 200 万~250 万元　F. 250 万~300 万元

G. 300 万元及以上

37. 第 11 题如选 B，您自己愿意支出（认为的可承受的）的月租金：

A. 1 000 元以下　B. 1 000~2 000 元　C. 2 000~3 000 元

D. 3 000~4 000 元　E. 4 000~5 000 元　F. 5 000 元及以上

38. 您希望住房给您提供的功能与增值服务有哪些？

再次感谢您的支持与合作，祝您生活愉快！

浙江省青年人才居住状况调查问卷

尊敬的先生/女士：

您好！我是浙江工业大学《浙江省青年人才居住状况调查》课题组成员，耽误您几分钟时间，向您了解您的住房状态与需求。我将对您的信息予以保密，您的回答仅供学术研究，不必有任何顾虑。

一、思想观念

1. 您在未来的住房消费选择如何：

A. 一直租房　B. 先租房后购房　C. 直接购房

2. 您当下若购买住房会着重考虑住房的什么功能：

A. 居住功能　B. 资产保值　C. 落户等权益功能

3. 您对"住房是安身立命的基础"怎么看：

A. 非常认同　B. 比较认同　C. 一般　D. 比较不认同　E. 不认同

4. 您对长期租房接受程度：

A. 非常认同　B. 比较认同　C. 一般　D. 比较不认同　E. 不认同

二、个体特征

5. 您的性别：

A. 男　B. 女

6. 您的年龄：

7. 您的学历：

A. 高中（中专）及以下　B. 专科（高职）　　C. 本科

D. 硕士研究生及以上

8. 您的婚姻状况：

A. 未婚　B. 已婚　C 离异或丧偶

9. 您的户口：

A. 浙江省以内　B. 浙江省以外

三、职业状况

10. 您当下的就业状态：

A. 就业，有正式单位　B. 自主创业　C. 自由职业　D. 待业

E. 求学深造

11. 您的工作单位性质：

A. 党政机关和事业单位　B. 国企　C. 合资/外资企业　D. 民营企业

E. 个体户/自营　F. 未就业　G. 其他

12. 您的岗位层次：

A. 公司法人　B. 高层管理人员　C. 中层管理人员　D. 基层管理人员

E. 一线员工　F. 学生　G. 其他未就业人员

13. 您是否有变动工作的打算：

A. 有　B. 不一定　C. 无

14. 您是否有继续深造（读研、读博、出国）的打算：

A. 有　B. 不一定　C. 无

四、居住状态

15. 您现在解决住房的方式：

A. 单位宿舍　B. 租房　C. 与父母或亲友同住　D. 自有住房

16. 您对当前住房的满意程度：

A. 非常满意　B. 比较满意　C. 一般　D. 比较不满意　E. 不满意

五、收支水平

17. 您的年收入：

A. 5万元以下　B. 5万~10万元　C. 10万~15万元　D. 15万~20万元

E. 20万~30万元　F. 30万元以上

18. 您每月的消费水平：

A. 3 000元以内　B. 3 000~6 000元　C. 6 000~9 000元

D. 9 000~12 000元　E. 12 000元以上

19. 您每月的住房支出：_____。

20. 您平时的消费模式：

A. 节俭型消费　B. 理性消费（收支平衡）

C. 超前消费（支出大于收入）

21. 您对个人收入变化的预期：

A. 较大涨幅　B. 较小涨幅　C. 基本不变　D. 较小降幅

E. 较大降幅

22. 您的父母在您购房时能够提供的资助程度：

A. 强　B. 较强　C. 一般　D. 较弱　E. 弱

六、宏观因素

23. 您对当前房价的感知程度：

A. 高（无力承担）　　B. 较高（勉强接受）　　C. 一般（可接受）

D. 较低（比较轻松）　　E. 低（无压力）

24. 您对在杭生活的满意程度：

A. 非常满意　B. 比较满意　C. 一般　D. 比较不满意　E. 不满意

25. 您是否计划在杭州安家、长期工作和生活：

A. 是　B. 不一定　C. 否

26. 您对杭州未来房价预期：

A. 较大涨幅　B. 较小涨幅　C. 基本不变　D. 较小降幅

E. 较大降幅

27. 您对杭州现有的帮助鼓励青年人购房政策评价：

A. 好　B. 较好　C. 一般　D. 较差　E. 差

再次感谢您的支持与合作，祝您生活愉快！